国家自然科学基金重点项目
"创业网络对新创企业发展的作用及影响机理"（72032007）

国家社会科学基金重大项目
"平台企业治理研究"（21&ZD135）

教育部人文社会科学研究规划基金
"平台架构与集体行动融合视角下新创平台治理机制形成及其治理效应研究"（23YJA630019）

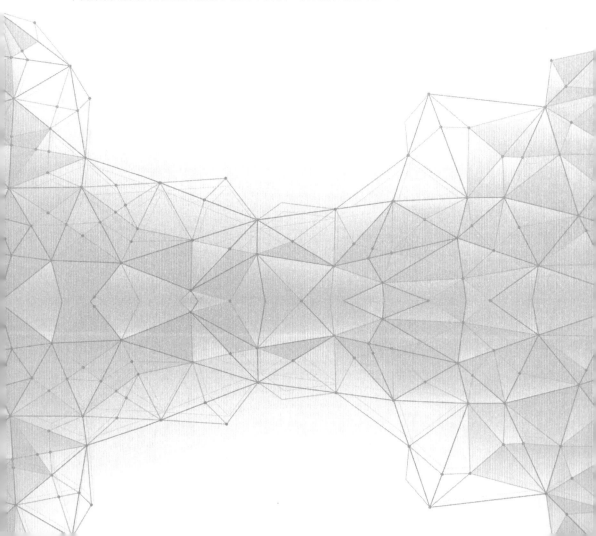

创业网络研究前沿系列

Governance Effectiveness Mechanism of
ENTREPRENEURIAL
NETWORK

创业网络的
治理效能机制

邓 渝 韩 炜 王 奎 ◎著

中国财经出版传媒集团

经济科学出版社
Economic Science Press
·北京·

图书在版编目（CIP）数据

创业网络的治理效能机制／邓渝，韩炜，王奎著.
北京：经济科学出版社，2025.3. --（创业网络研究前
沿系列）. -- ISBN 978 - 7 - 5218 - 6819 - 7

Ⅰ. F272.2

中国国家版本馆 CIP 数据核字第 2025XJ5320 号

责任编辑：刘　丽
责任校对：靳玉环
责任印制：范　艳

创业网络的治理效能机制

CHUANGYE WANGLUO DE ZHILI XIAONENG JIZHI

邓　渝　韩　炜　王　奎　著

经济科学出版社出版、发行　新华书店经销

社址：北京市海淀区阜成路甲 28 号　邮编：100142

总编部电话：010 - 88191217　发行部电话：010 - 88191522

网址：www. esp. com. cn

电子邮箱：esp@ esp. com. cn

天猫网店：经济科学出版社旗舰店

网址：http://jjkxcbs. tmall. com

北京季蜂印刷有限公司印装

710 × 1000　16 开　13.75 印张　200000 字

2025 年 3 月第 1 版　2025 年 3 月第 1 次印刷

ISBN 978 - 7 - 5218 - 6819 - 7　定价：78.00 元

（图书出现印装问题，本社负责调换。电话：010 - 88191545）

（版权所有　侵权必究　打击盗版　举报热线：010 - 88191661

QQ：2242791300　营销中心电话：010 - 88191537

电子邮箱：dbts@ esp. com. cn）

总　序

基于互联网、信息技术和数字技术等新兴技术的进步和应用普及，平台化和网络化是新创企业在组织管理方面表现出的新特征和新动向。从全球范围来看，IBM 发布的《全球 CEO 调查报告》（2018）显示，在过去的三年中，被调查企业在平台化成长方面的投资达到 1.2 万亿美元；82% 的中小企业 CEO 声称其采用了平台方式，或成为平台的主导者或融入大企业的平台网络以谋求成长；相比其他的企业成长方式，依靠平台化成长的企业能够以更快的速度实现收入与利润增长。特别是阿里、腾讯、百度、京东、小米等新兴本土企业相较于发达国家的竞争对手更早地布局基于平台的网络化成长战略，塑造了我国在电子商务领域的局部领先优势，这些新兴实践已成为国家推动并实施创新驱动发展战略的关键环节。但是，相对于实践的丰富性和领先性，有关平台情境下的创业网络与新创企业成长之间复杂联系的理论探索和总结严重滞后。以平台为情境，关注并研究创业网络如何驱动新创企业成长问题，具有重要的理论和实践价值。

在数字经济与全球化交织的新时代，创业活动已不再是孤立的商业行为，而是一种嵌入于复杂网络中的动态战略行动。正是在这一背景下，创业网络研究以嵌入性为理论根基，着重围绕网络主体间、联结间的交互关联性展开讨论。新创企业推动创业网络的演化以促进成长，本质上是逐步增强网络嵌入性的过程，从而塑造新创企业相对于网络中其他主体的权力优势。网络理论中的嵌入概念关注的是，个体或组织在网络中的位置所引发的掌控资源、调动他人的影响力。新创企业利用创业网络谋求成长，是以嵌入于网络中并获得"号令天下"的力量为目的，力量的获得才能促使新创企业借助创业网络进行战略布局。因此，以嵌入作为分析新创企业创业网络的理论视角，融合网络理论、战略理论与创业理论以解释新创企业成长问题，是本书构建数据库以及进行研究设计的出发点。

创业网络以关系为基本的分析单元，但不应仅关注关系内一方主体的行动，而更要关注关系双方的互动。这种互动表现在行动者双方围绕网络行为的博弈，以及由此引发的资源在行动者之间的来回往复。因此，资源组合效应是本书对创业网络之于新创企业成长的重要解释机制之一，而且这一机制伴随着创业网络的演化过程而适时动态调整。创业网络从形成到演化是与新创企业成长相伴相随的共演化过程，其中包含着新创企业通过试错、学习，从无到有地构建创业网络的过程，也包含着根据环境变化与商业模式调整所诱发的创业网络演化过程。这为我们提供了认识创业网络动态演化的过程机制，即资源组合的动态调整和新创企业的试错学习。探究新创企业在与网络伙伴的关系互动中进行资源编排与竞合动态转换，有助于丰富对创业网络形成与演化过程的理论解释。特别是在平台情境下，创业网络形成的周期缩短，演化更为频繁而快速，捕捉新创企业如何通过创业学习、试错调整等行动推动创业网络的快速形成与演化，将有助于挖掘新创企业成长过程中创业网络的动态性及其影响新创企业成长的作用机制。

创业网络从形成到演化还表现为网络治理推进的过程，其折射出新创企业对网络中关系的管理模式。传统的网络理论指出表征为频繁互动、紧密关系的强联结能够提供丰富的资源与情感支持，但在互联网平台背景下，双边市场驱动的平台企业的创业网络呈几何式增长，新创企业难以承受大规模强联结网络所带来的高治理成本，故代之以松散的网络联结提高网络治理效率。在平台情境下，创业网络治理呈现出正规化与非正规化混合的格局，这并不表现为传统治理机制中契约、信任要素的混合，而是合同、利益分配机制等正规化方式与审核制、登记制等非正规化方式的混合。网络治理方式的选择不仅与网络伙伴的类型与关系性质有关，而且与新创企业利用创业网络的战略布局有关，这凝结成了本系列丛书对创业网络治理效应的解读。

相比传统的创业网络逐步构建过程，平台情境下新创企业需要以更快的速度选择、接入网络伙伴，避免使其最初吸引的网络伙伴因网络形成的迟缓而脱离网络。新创企业的创业网络需要通过一方的基群规模形成对另一方的吸引，这种网络效应来自于新创企业能够快速联结网络伙伴并形成关系黏性，激发并维持网络效应。在传统的工业化背景下，新创企业倾向于与拥有丰富资源的高地位主体建立关系，从而获得有价值的资源。而在互联网背景下，以平台方式成长的新创企业更倾向于寻找能够与自身在价值活动上形成多种类型互补的合作伙伴。这种合作旨在共同实施价值活动，甚至允许顾客直接从伙伴手中获取价值，而非传统方式中整合伙伴资源再由新创企业向顾客传递价值。由此可见，以战略布局为导向，以快速、松散的方式建立蕴含多种类型价值活动互补的创业网络，是平台情境下新创企业依托网络实现高速成长的独特路径，非常值得关注。鉴于此，本系列丛书将创业网络研究拓展至平台生态情境，特别探讨了平台生态情境下创业网络研究的新发展。

基于前述学术认知与判断，2020 年我设计的课题"创业网络对新创企业发展的作用及影响机理"获得国家自然科学基金重点项目资助，在研究过程中不断向专家请教学习，努力克服创业网络研究中的样本收集、变量测量等问题，以及创业网络在平台情境下延伸拓展的理论挑战。创业网络研究大多采用问卷测量，且局限于对网络关系强度、密度等的刻画，而缺乏对网络内容、资源机制、治理机制等关键要素衡量，我们从这一问题破局，设计了"创业企业联盟网络数据库"和"数字创业网络数据库"。从 2017 年初步设计"创业企业联盟网络数据库"的思路与架构，到 2024 年完成"数字创业网络数据库"建设，持续 8 年多时间不断完善的数据库，为本课题研究提供了支持，也为我们观察并认识中国新兴企业的创业网络实践，特别是在互联网平台情境下探索创业网络构建、演化的新问题提供重要基础。

本课题所资助的"创业企业联盟网络数据库"建设，首先得到了浙江大学杨俊教授的指导，我们在 2017—2018 年先后三次召开研讨会，商讨并论证数据编码标准、工作手册编制、工作程序推进等重要事宜。随后，我们先后四次以该数据库开发为主题，召开创新创业前沿论坛，邀请南开大学张玉利教授、中国人民大学郭海教授、中山大学李炜文教授、上海大学于晓宇教授、暨南大学叶文平教授、华中科技大学买忆媛教授和叶竹馨教授等，基于数据库的联合开发合作机制达成共识。"数字创业网络数据库"建设（2022 年起）则得到了华中师范大学焦豪教授、浙江工商大学王节祥教授、重庆大学李小玲教授的指导，我们多次召开线上讨论会，围绕数据编码与清洗等事宜进行深入讨论。在不断的交流与讨论中，我们不断地追问什么是新创企业构建创业网络的微观基础条件，新创企业如何撬动创业网络中的多主体间的资源组合，如何治理创业网络以促进创业网络向有利于企业成长的方向演化，创业网络又怎样在平台生态情境下拓展。于是，我们结合两大数据库的统计分析，从四个方面讨论创业网络之于新创企业发展的作用。由此所凝结出的这一系列丛书共四部，分别从战略组织基础、资源组合效应、治理效能机制以及平台生态发展四个维度展开论述，共同构成了创业网络研究的整体逻辑框架，为创业网络的多维机制及其对企业绩效的影响提供了深刻而系统的学理阐释。

1. 战略组织基础：网络构建的微观根基

《创业网络的战略组织基础》从战略与组织的双重视角出发，探讨了新创企业如何通过构建联盟网络来实现商业模式创新与价值共创。研究者深入剖析了创业者及其高管团队和董事会在主动构建与整合网络关系中的关键作用。通过构建创业板上市企业联盟网络数据库，实证揭示了个体层面（如领导者的经验、规模、对外任职等）与组织战略导向对联盟网络形成、演化及企业绩效之间的内在联系。该书不仅为创业网络的形成机制提供了微观逻辑支持，也为后续对资源整合和治理机制的探讨奠定了坚实基础。

2. 资源组合效应：突破新创企业成长瓶颈

《创业网络的资源组合效应》聚焦于资源约束这一新创企业普遍面临的困境。借助创业板企业的样本数据，详细考察了创业企业如何利用联盟组合的多样性（无论是资源属性还是功能属性的多样性）实现资源获取、跨界融合与创新成长。该书既考察了静态视角下联盟组合多样性与企业经营绩效之间的非线性关系，又从动态角度分析了联盟重构对企业业绩的影响，并引入战略柔性概念探讨企业如何在动态竞争中灵活调整资源配置。通过实证验证，该书为资源基础理论在创业网络中的应用提供了新视角，同时也为企业应对环境不确定性提供了战略启示。

3. 治理效能机制：协调与控制的新范式

《创业网络的治理效能机制》则将视野拓宽到网络治理问题。在企业边界日趋模糊、各类组织间关系日益复杂的背景下，如何协调网络中各主体的利益、实现资源与能力的最优配置成为关键挑战。该书分别从股权治理和非股权治理两个层面，系统阐释了联盟网络中治理策略对企业绩效及创新成果的影响机制；同时，又在平台网络情境下探讨了界面治理、过程治理与关系治理等多重治理模式在数字经济环境下的适用性与效应。通过理论构建与基于大样本数据库的实证检验，该书为联盟网络治理及平台网络治理提供了理论解释和实践参考，揭示了治理策略选择对新创企业成长的深层次影响。

4. 平台生态发展：数字化转型下的网络重构

《创业网络的平台生态发展》立足于数字经济背景，探讨了基于数字平台的创业网络新形态。移动互联网和信息技术的深度融合，催生了移动应用等数字产品的快速迭代，也为数字创业者提供了全新的商业模式与网络构建路径。该书通过构建覆盖全球多国、多个品类的"数字创业网络数据库"，从技术创新、商业模式创新、广告网络构建以及同群网络关系四个角度，系统剖析了数字平台情境下创业网络的形成机制和绩效作用。该书不仅揭示了数字平台如何重塑创业生态，也为理解数字化转型过程中企业间关系的演化提供了可观测、可操作的理论工具。

本系列丛书整体构建了一个从微观个体与组织行为到宏观平台生态的创业网络研究体系，既关注创业网络的战略组织与资源整合基础，又深入探讨了网络治理与数字平台背景下的创新模式。各部著作既相互独立，又内在联系，共同回应了新创企业在资源有限、竞争激烈和数字化转型背景下如何通过构建和优化创业网络实现突破性发展的核心命题。本系列丛书的理论创新与实证研究不仅为创业网络及相关领域的学术研究提供了丰富的理论视角和数据支持，也为创业实践者、政策制定者及企业管理者在制定战略和优化资源配置时提供了重要参考。本系列丛书在设计、写作和修改过程中，得到了不少业界同行和朋友的指导和帮助，在此一并感谢。特别感谢南开大学张玉利教授、吉林大学蔡莉教授等资深专家在本系列丛书所依托数据库建设中给予我们的学术指导。

我总体设计了"创业企业联盟网络数据库"和"数字创业网络数据库"的架构，特别感谢在"创业企业联盟网络数据库"编码过程中负责组建编码团队、组织变量编码与信效度检验的西南政法大学胡新华教授、邓渝教授、周杰教授，以及在"数字创业网络数据库"编码过程中负责组建编码团队、组织变量编码与清洗的西南政法大学刘璘琳副教授、张兢博士。特别感谢参与两个数据库编码的各位同学：黄小凤、喻毅、姜天琦、齐淑芳、周月姣、姚博闻、蒙怡霏、彭惠娟、阳圆、张叶、刘希睿、付�钰、熊言熙、刘涵睿、陈宇娇、高淋、周芊、周奕杜、黄海娟、周埝桦、刘俊荣、石一伶、宁婕、周玉婷、周明月、罗诗雅、秦明星、殷婕、李可、印佳欣、张玉、阙小钧、曾蕾、萧皓天、伍小康。

未来，随着数字经济的不断深入发展与平台生态的持续演变，创业网络的构建与治理问题仍将呈现出新的研究情境和挑战，期望本系列丛书能够激发更多学者和实践者关注这一前沿领域，推动理论与实践的深度融合与共同进步。

韩炜

西南政法大学商学院

2025 年 1 月 30 日于重庆

前　言

在互联网和数字经济背景下，企业边界不再像过去那样清晰，网络成为描绘组织间关系最高频出现的关键词，这是由于企业能够更便捷地与其他组织建立网络关系，使得网络的形态呈现多样化发展的趋势。当企业不再是孤立的，就会与许多关系主体发生各种交易行为，由此形成的网络中，如何协调各网络主体的利益，如何对企业内部资源与外部网络资源进行有效的组合，这就对网络治理提出了新的要求。

笔者对网络治理的研究兴趣源自参加中国企业管理研究会网络治理专业委员会每年举办的网络平台治理论坛，从2019年开始参会到2022年参与承办年度论坛，对网络治理的认识逐步深入，研究兴趣也逐步增加。在研究过程中，我们首先关注到的组织网络形态是联盟网络，经过对文献的梳理，我们发现关于联盟网络治理的研究仍较多地聚焦于治理方式的理论探讨，究其原因主要在于涉及治理的企业数据普遍比较困难，这就使得对"联盟网络治理如何定义？""联盟网络治理应该如何类型化？"以及"联盟网络治理如何对企业业绩产生影响？"等关键问题较少地进行实证研究，从而难以得到系统的理论解释。

在观察联盟形态本身的发展过程中，我们发现了一个有趣的现象：创业企业可能出于资源储备或关系储备的需要，同时与多个联盟伙伴建立多个联盟的集合，构成创新行动或创新项目所需的"联盟组合"，从形态上看，联盟组合似乎是联盟网络的局部，究其本质则在于多个联盟的同时建立且强调跨联盟间的交互与协同。以美国为例，在近年来突破性创新密集发生的行业，如新材料、人工智能、新能源汽车、生物工程等，企业往往更倾向于构建联盟组合的形态，如电动汽车企业特斯拉围绕电池的技术研发和生产，与松下、戴姆勒、丰田等公司开展深度合作，结成了不同的战略联盟。出于对联盟组合这一现象的关注，以及对其交互、协同特性的疑问，在国家博士后科学基金面上项目和国家社会科学基金一般项目的资助下，我们着重研究了创业企业如何对其进行有效治理。首先，联盟治理从大类上主要被分为股权治理和非股权治理，构建联盟网络的创业企业针对不同的联盟对象选择差异化的治理方式，为此在第3章和第4章分别设定了股权治理和非股权治理的治理策略，构建"联盟治理—绩效作用"的整体理论框架。其次，为了回答股权治理包括怎样的方式，在联盟网络情境下表现出怎样的特征，这些特征是否会影响创业企业的业绩等重要而有趣的研究问题，第3章将研究情境设定在我国创业板上市的创业企业所构建的联盟组合，研究创业企业采用股权治理策略对其自身绩效所产生的治理效应。最后，非股权治理作为股权治理的有效补充，一直以来没有受到应有的关注，与股权治理类似的问题同样存在，如非股权治理包括怎样的方式，在联盟网络情境下表现出怎样的特征，这些特征是否会影响创业企业的业绩等，为此第4章同样将研究情境设定在我国创业板上市的创业企业所构建的联盟组合，研究创业企业采用非股权治理策略对其自身绩效所产生的治理效应。

随着我国平台经济的迅猛发展，关注联盟网络的学者纷纷将研究视角投向了平台生态系统这一更有特色的组织网络。而对于平台网络的治理相对于联盟网络而言显得更加重要，原因在于如果说通过联盟关系所形成的网络还有一定的稳定性，平台网络中的多主体关系则更为松散，接入的参与者带着各种动机参与平台活动或利用平台资源，而没有实现平台企业所预想的共创目标。例如，接入携程平台的酒店会以更低的价格为吸引，"劝说"到店顾客取消携程上的订单，以减少对携程的佣金支付；接入保利看房平台的房屋中介公司，会在售楼现场"领走"看房顾客并以推介顾客的身份再次"带回"，以赚取平台另一方即房地产开发商的佣金。由此可见，对于平台成长而言，如何有效治理好参与者及其活动具有决定性意义，为此第5章对平台经济发展的新态势与平台网络治理的新趋势进行了总结。出于对平台网络这一现象的关注，以及对其治理有效性的疑问，笔者申请并获批了教育部人文社科一般项目并在其资助下，基于平台独特架构与参与者集体行动，贡献于价值共创而非仅在于行为规制的学理判断，构建"架构/行动—平台治理—价值共创"的理论框架，以要素选择与治理过程并举的研究思路，揭示平台网络治理机制的形成过程及其影响效应。

随着研究的推进，看似简单却具有挑战性的研究问题不断地引发我们的思考。首先，平台网络治理可以被区分为不同的维度，也就是说平台企业可以有多种不同的治理策略进行选择，那么究竟是什么因素对平台企业的治理策略选择产生了影响，平台企业如何在包括界面规则、过程控制以及关系治理等多种治理要素上进行选择？为此第 6~8 章分别对界面治理、过程治理与关系治理的治理策略选择进行了说明，建构了统一的"平台治理—绩效作用"的整体理论框架。其次，平台网络界面治理如何影响平台参与者？平台首先利用界面规则接入或筛选参与主体，进而针对参与者之间的互动进行多控制手段组合的过程控制，这有利于最终形成责权明晰的权力结构。基于此，第 6 章将研究情境设定在苹果的 iOS 应用平台，研究 iOS 14 越狱导致放松平台守门控制后针对 iOS App 及平台用户的治理效应。更进一步，控制是平台治理的又一个关键维度，是平台所有者为了与参与者达成协调一致的目标，进而促使平台参与者与平台核心利益相匹配所采取的手段，控制的核心在于对平台期望性行为进行激励，对威胁性行为进行惩罚，并基于此发布平台参与者的行为标准，第 7 章选定了一个特殊的平台参与者的行为标准，即苹果 iOS 平台所发布的隐私控制协议，研究其针对 iOS App 及平台用户的治理效应。最后，关系型控制是一种非正式治理手段，但其因对正式治理的补充与支撑作用，成为治理策略组合不可或缺的重要维度，如关系型治理随着平台所有者与参与者的共享意愿因信任而增强，可以发挥资源共享与信息所提供的激励型治理作用，为此第 8 章同样在 iOS 应用平台外加 Android 应用平台的情境下研究平台间关系即平台决策权设计的数字创业者多栖效应，以及平台内关系研究设定即数字创业者关系的创新效应。

综合联盟网络治理与平台治理的全部内容，第9章提出了创业网络治理的管理重点与决策挑战，但上述内容并非网络治理研究的终点，相反网络治理尤其是平台网络治理的研究才刚刚开始，因为伴随着数字经济的进一步发展，不仅平台化生态化将成为企业发展过程中绕不开的战略思考，我们已经看到平台将不再是一个个孤立的单元，反而很有可能会形成无数个平台联结产生的多平台、基于平台生成的平台、平台嵌套等新的网络形态，进而推动企业实现进一步的创新。上述可见的未来发展值得进一步深入研究，需要在数字经济、互联网背景下探索平台网络治理的新形态与新问题，包括新的治理策略、治理策略之间的关系及其治理效应、治理为核心的平台创新模式，由此使得网络治理呈现出广阔的研究前景。

目 录

第 1 章　创业网络治理的源起与发展 ·············· 1

1.1　创业网络研究的起源 ················· 1

1.2　由创业网络治理到平台治理 ··············· 6

1.3　关键问题与模型框架 ················· 10

1.4　内容框架与研究结论 ················· 12

第 2 章　创业联盟网络与平台生态系统数据库 ·············· 17

2.1　联盟组合为基础的创业网络数据库 ··········· 17

2.2　平台生态系统数据库 ················ 26

第 3 章　联盟网络股权治理及其绩效作用 ············· 35

3.1　联盟网络股权治理的绩效影响 ············ 38

3.2　联盟网络股权治理的创新影响 ············ 43

第 4 章　联盟网络非股权治理及其绩效作用 ·········· 50

4.1　联盟网络学习对创业企业绩效的影响 ········· 50

4.2　联盟网络知识吸收管理策略对创业企业绩效的影响 ·········· 64

4.3　联盟网络过程管理对创业企业绩效的影响 ········· 77

第 5 章　平台经济发展的新态势与平台网络治理的新趋势 ······ 82

5.1　平台经济发展进入新阶段 ·············· 82

5.2　平台参与者对平台企业的新诉求 ············· 87

5.3 平台网络治理的核心困境 ……………………… 91

第6章 平台网络界面治理及其绩效作用 ……………… 93

6.1 平台网络、界面治理及参与者设定 ………………… 94

6.2 平台网络界面治理与用户满意度 …………………… 96

6.3 平台网络界面治理与数字创业者创新 ……………… 101

第7章 平台网络过程治理及其绩效作用 ……………… 108

7.1 平台网络、过程治理及参与者设定 ………………… 109

7.2 平台网络过程治理与用户满意度 …………………… 111

7.3 平台网络过程治理与数字创业者创新 ……………… 117

第8章 平台网络关系治理及其绩效作用 ……………… 122

8.1 平台网络、关系治理及参与者设定 ………………… 123

8.2 平台间关系治理的多栖效应 ………………………… 123

8.3 平台内关系治理的创新效应 ………………………… 128

第9章 创业网络治理的管理重点与决策挑战 ………… 135

9.1 创业联盟网络股权治理及其绩效作用 ……………… 135

9.2 创业联盟网络非股权治理及其绩效作用 …………… 137

9.3 平台网络界面治理及其绩效作用 …………………… 142

9.4 平台网络过程治理及其绩效作用 …………………… 145

9.5 平台网络关系治理及其绩效作用 …………………… 149

附录A 创业企业联盟组合数据库编码工作手册 ……… 153

附录B 基于创业板上市企业联盟网络数据库的研究成果 … 172

参考文献 ……………………………………………… 173

第1章 创业网络治理的源起与发展

基于互联网、信息技术和数字技术等新兴技术的进步和应用普及，网络化是新创企业在组织管理方面表现出的新特征和新动向。网络化在企业实践中的主要表现为联盟网络与平台网络两种形式，其中联盟网络与平台网络构成对创业成长与企业绩效的影响体现出创业网络的存量特征诱发企业绩效的作用，而网络作用的发挥还与创业网络治理是否有效密切相关。有关联盟与平台情境下的创业网络与新创企业成长之间复杂联系的理论探索和总结严重滞后，因此以联盟与平台为情境，关注并研究创业网络治理如何驱动新创企业成长问题，具有重要的理论和实践价值。

1.1 创业网络研究的起源

新创企业利用外部组织间网络谋求高成长，源于既定的创业网络结构设计，还是网络过程中针对利益相关者的关系安排？这一问题本质上是要回答如何安排组织间网络的关系，有助于厘清实施了有效治理的新创企业为什么能够实现网络化快速成长。

1.1.1 创业网络治理研究的理论脉络

近年来，网络理论已成为解释创业成功逻辑的重要基础理论（Larson，

1992；Hansen，1995；Brüderl & Preisendörfer，1998；Hite & Hesterly，2001；Ritter & Gemünden，2003；Hoang & Antoncic，2003）。最近，少数学者开始认识到网络结构和资源优势要转化为新创企业绩效并非易事，关键在于如何运用网络组织的治理逻辑提高新创企业与其他主体进行交换的可靠性、关系的有效性以及获取资源的便捷性，因此创业企业网络中的治理机制成为极具前景的研究方向（Hoang & Antoncic，2003；Guo & Miller，2010；Newbert & Tornikoski，2013）。

1. 创业网络治理的研究范式

在创业情境下，已有文献关于创业网络治理的研究主要侧重于创业网络治理结构与资源流动的匹配（Hoang & Antoncic，2003），创业网络联结的嵌入特性与治理机制的选择（Hite，2005），以及创业网络的治理特征如何影响新创企业绩效。

第一类研究侧重于分析创业网络的治理结构特征如何促进资源配置。从结构层面来看，已有研究多关注创业网络中双边关系的联结属性对于获取资源、赢得合法性的影响。例如，艾尔弗林和胡尔辛克（Elfring & Hulsink，2003）研究发现创业网络中强弱联结的混合体会影响新创企业的机会发现、资源获取和合法性的确立。

第二类研究主要从网络理论与嵌入理论出发，探讨在关系型嵌入的不同类型下，创业网络治理机制的选择。以海特（Hite，2003）为代表的学者深入探讨了创业网络联结的嵌入性特征，剖析了关系型嵌入的类型以及信任机制的产生。研究结果勾画出创业网络联结向关系型嵌入演化的过程，并指出创业网络中社会资本构成要素的持续变革会提升对正式契约治理机制的需求（Hite，2005）。这意味着，相较于创业网络中企业间的关系联结由一种类型向另一种类型的转换，在关系联结内的不断深化更具有现实意义，且有利于关系治理机制的运用。

第三类研究侧重于分析创业网络独特、复杂而有趣的治理特征。这主要表现在：第一，创业企业网络治理是以偶发性交易为主要对象的交易激励机制，往往表现为以信任而非契约为核心的非正式治理机制（Newbert & Tornikoski，2013）。其原因在于，由于合法性较低，新创企业往往难以与其他企业特别是成熟的大企业建立周期性交易，在偶发性交易中冲突的解决更多地需要依赖于关系要素（Mark et al.，2004）。第二，在新创企业的交易框架中，交易对象的身份很重要，其大企业构成可能较少，而更多的交易对象来自创业者的社会网络，这就强化了信任对契约的补充（Slotte - Kock & Coviello，2010）。第三，新创企业面临着资源、技术缺乏等新进入缺陷，需要依靠网络中各方来获取资源，因而更倾向于通过蕴含学习的合作来降低交易成本，提高合作效率（Hamel，2000）。

2. 创业网络治理机制的研究路径

关于创业网络治理机制的研究呈现出三种路径。

一是从经济过程审视创业网络的治理。从经济过程来看，创业网络的治理机制选择取决于新创企业与其他企业间的交易以及交易所蕴含的关系。这种基于经济层面的治理意味着企业间更依靠沟通、交流、共享价值链活动与管理系统来形成对交易关系的补充（Larson，1992；Hoang & Antoncic，2003），而关系要素的运用使得契约的履约性提高。

二是从社会过程看到创业网络的治理。从社会过程来看，网络治理机制是依赖"隐形和开放式合约"的激励机制，他们往往受到社会机制支持而非法律强制（Brass，1984；Larson，1992；Das & Teng，1998）。在创业情境下，新创企业与其他企业间的交换或合作更多地要靠道德义务、声誉、情感、信任等手段来维系。这意味着信任作为创业网络治理机制的重要因素，成为促进企业间持续性、常规性交易的产生，确保新创企业获取资源的重要制度安排（Slotte - Kock & Coviello，2010）。新近的研究也指出，信任不仅是社会环境下的产物，而且是个体可改变的行为；信任是一种理性的选择，可以通过信号识别、可信度衡量等来建构并实现（Smith & Lohrke，2008）。这意味着信任作为可改变的理性要素成为创业网络治理的重要构成。例如，周冬梅和鲁若愚（2010，2011）对创业网络中新创企业信任导向的信息搜寻行为，创业网络中信任演化的过程进行了研究，为创业网络的信任治理提出了建议。然而，已有研究并没有深入剖析新创企业如何建构信任以管理其创业网络，也未对信任的细致类型进行深入分析，从而难以深入挖掘信任机制运行的内在逻辑。

三是从知识的分散性与可传递性来看，学习可能是一个重要的治理要素（Hamel，2000）。从组织学习理论来看，企业间通过表面与深层的知识互动，有助于新创企业在交易或合作过程中逐步形成对某些信息、知识等的释义、认知与积累（Hatch & Mowery，1998），从而帮助其借助知识渠道提高自身绩效。但已有研究止步于将其作为补充性的治理要素而没有将其作为一种治理机制进行探讨，也未深入挖掘其治理机制的内涵与机理。

3. 联盟组合治理机制的设计与应用

联盟网络是得到最多关注的创业网络实践形式，而大量的实践调研显示，"联盟组合"是一种能够有效提升创新绩效的外部组织模式，即同时与多个联盟伙伴建立多个联盟的集合，其蕴含着跨联盟间的交互支撑作用（Ozcan & Eisenhardt，2009）。联盟组合治理机制的设计对联盟组合这一战略安排的成功，以及创业企业绩效提升具有重要的作用。从网络治理理论来看，联盟组合治理通常是为了控制和协调不同联盟伙伴的活动，明确责任、义务和收益，而选择的正式治理和关系治理相结合的治理方式（Nickerson & Zenger，2004；Gulati et al.，2005；DeMan & Roijakkers，2009）。奥克斯利等（Oxley et al.，1997）认为正式治理包括传统的股权式治理和契约式治理，前者是指联盟伙伴企业间共同出资建立合资公司或者具有某种产权共享的合作关系，包括合资和交叉持股；后者则是通过协议而非投资等方式建立的合作关系，比如联合开发、联合市场营销等。正式治理机制包括法律和所有权保障、绩效管理与行动规划系统、标准操作程序等，而关系机制涉及加强信任的建立和社会认同的安排（Martinez & Jarillo，1989；Dyer & Singh，1998）。二者最关键的区别就在于，前者运用更严格的标准来评估结果，并通过强制性的措施来惩罚与预期目标不一致的行为，而关系治理更多的是通过改变人们的价值取向和行为，使被约束的双方或者多方自觉地做出有助于预期目标达成的行为（Kale et al.，2000）。

1.1.2 创业网络治理的影响因素

目前，少数研究开始关注在何种因素影响下，新创企业倾向于以什么方式治理创业网络的问题。但研究仍处于探索阶段，对于影响因素的识别及其影响作用的剖析尚存在不一致的研究结论。从总体上来看，创业网络的结构特征会影响治理方式的选择与运用，而新创企业在网络战略上的决策与行为会对上述影响产生调节作用，但对于创业网络的何种特征影响治理方式，新创企业什么样的决策与行为会发挥调节作用，还有待进一步探索。

从创业网络的结构特征来看，创业网络表现为以双边联结为主还是多边联结为主的网络结构，表现为是否形成关系型嵌入的网络格局，抑或不同类型关系型嵌入的网络结构，都会引发创业网络治理方式的差异。例如，李（Lee，2017）针对新创企业研发联盟网络的研究发现，相较基于双边联结的创业联盟网络，基于网络联结组合的创业联盟网络更倾向于选择股权治理，而非科层治理。但这种治理选择侧重于治理结构，而非基于契约与信任的治理机制。海特（2005）研究指出，针对创业网络中不同类型的关系型嵌入结构，应采取不同类型的信任机制，但研究仅区分了关系型嵌入的类型，未对信任机制的细致构成展开研究。从动态角度来看，少数研究也指出，治理机制应针对网络结构的变化而做出相应的调整。例如，史密斯和洛尔克（Smith & Lohrke，2008）指出，当网络结构由简单的双边联结演化至复杂的多边网络格局时，新创企业往往更依赖认知型信任而非情感型信任。这些都意味着创业网络治理机制的选择会受到创业网络深层次的结构与内容的影响。

从新创企业的决策行为来看，新创企业围绕创业网络建构、网络战略方面的决策与行为，如关系专用性资产投资、知识共享与保护、组织身份描述等会调节影响创业网络治理机制的选择。在创业网络治理机制具有网络构成适应性的基础上，王钰等（2021）研究发现，当新创企业建构适宜的知识保护机制时，更有利于促进创业网络中的知识共享，有利于股权治理作用的发挥。菲利普等（Phillips et al.，2013）则指出，新创企业更倾向于和与创业者同质的网络主体组建联结组合，但经由新创企业主动的身份描述，更有利于联结组合中信任的产生。但已有研究主要围绕新创企业的某一种战略决策，如知识保护、身份描述等剖析其对创业网络构成与治理机制选择的调节影响，但鲜有从战略决策的全面性、整体性角度探讨其在调节效应中的重要作用。

1.2 由创业网络治理到平台治理

1.2.1 平台治理的背景与研究问题

随着创业企业越来越多地以平台的方式创业，或走向平台化发展，抑或一些创业者通过加入大平台的方式实施创业，学者们开始将创业网络治理研究延伸至平台治理的相关问题。已有研究对创业网络治理机制的讨论集中于对正式契约与关系信任的讨论（Hite，2003，2005；Smith & Lohrke，2008），抑或将二者整合的混合治理机制（韩炜等，2014）。然而，在平台情境下，两种机制的效果都大幅度降低。契约的高治理成本以及信任的强情感纽带，是面对大规模网络伙伴以非正规方式接入创业网络的新创企业难以承担的，如爱彼迎以注册制接入房源、滴滴以登记制接入私家车等。面对网络伙伴可以随时接入，并在多个新创企业的创业网络平台间自由转换的独特情境，契约和信任难以发挥应有的效力，由此涌现出一系列极具挑战性的研究问题。第一，平台治理的主体是谁？关于平台治理的研究普遍认可平台构建者是平台治理的主体，但随着"去中心化"观点的兴起，诸如半分散化治理抑或核心组织治理（Chen et al.，2021）、分散化治理抑或共同治理（O'Mahony & Karp，2022）等观点的提出，治理主体开始囊括平台所有的参与者，因此究竟谁在治理平台网络，可能需要从动态的角度做出深入思考。第二，平台治理的内涵和边界是什么？已有研究围绕平台治理的内涵与边界大体形成两种观点，包括将平台视为生态进行整体化治理（Song et al.，2015），聚焦网络中双边关系的治理（Huber et al.，2017）。这些不同的治理视角意味着治理的内涵存在差异，挑战着我们对平台治理包含哪些内容的认知。第三，如何设计平台治理机制？已有研究或围绕平台治理机制的类型化展开理论分析（Tiwana，2015；Bridoux & Stoelhorst，2016），或挖掘平台治理对整体绩效乃至参与者行为的影响（Chen et al.，2020），而我们对于平台如何设计适宜的治理机制仍知之甚少。

平台治理相对于以往的网络治理更为复杂，与经典治理理论中公司治理关注科层组织内的股权结构与控制权结构等问题不同，平台治理聚焦"交响乐队型"平台化组织的多主体参与治理问题（Tiwana，2015）。这源于平台治理三个方面的独特性：第一，平台中除所有者（即平台企业）以外，无论是参与治理的主体还是被治理的对象，都与平台所有者不存在产权联系或组织联系（Thomas et al.，2014），因此平台中并不存在直接的管理权威。第二，平台所有者所形成的平台治理机制会形塑、影响平台的发展，而不是对平台形成直接指导（Chen et al.，2022）。因此平台治理的作用在于激发平台参与者为平台整体价值作出贡献的意愿与程度，而不仅是对参与者行为做出直接约束与规范。第三，平台上的参与者无论是动机上还是能力上都呈现出典型的异质性特征（Zhang et al.，2022），因此平台所有者面临着在适度控制参与者以确保商业运营，和赋予参与者以一定程度的柔性，从而保持多样性以激发创新之间的平衡。然而，平台所有者却缺乏适宜的治理手段来实现这一平衡目标，契约式的权利义务设计抑或科层式的组织治理安排都无助于参与者行为的规范。

1.2.2　平台治理的独特性

第一，平台治理的核心逻辑已经发生变化。平台企业往往兼具产品平台、市场平台与生态系统的综合特征，因此平台治理融合了不同视角下的治理逻辑。

（1）在产品平台的视角下，产品或服务的技术架构及其底层的基础能力结构作为平台运行的基石，此时平台治理的核心逻辑在于利用平台促进其运营的灵活性和效率，而与之相呼应的理论基础是基于资源和动态能力的观点，即平台治理着眼于推动平台作为有价值且难以复制的资源运行，或是促进平台其他资源快速灵活的重新配置（Winter，2003）。

（2）在市场平台的视角下，平台作为多个市场之间的交易性桥梁，通过其产品或服务架构联结一个或多个市场，从而借助市场中介创造的附加价值获利，此时平台治理的核心逻辑在于利用市场准入策略、促进供需中介以及相应的定价策略充分扩大自身的市场权力（Boudreau & Hagiu，2009）。

（3）在生态系统视角下，平台被视为基于技术的业务系统中的枢纽或中心控制点（Cusumano & Gawer，2002），兼具产品平台与市场平台的特征。一方面，平台是包含一组模块的集合（Bresnahan & Greenstein，1999）、一个单独开发的技术部件系统（Cusumano & Gawer，2002）或一个不断发展的技术系统中的子系统（Gawer & Henderson，2007），此时平台治理强调架构、结构与模块化设计，理论逻辑同样呼应了资源基础观，强调控制关键资源以获得卓越性能；另一方面，平台企业同样需要协调买卖双方的努力并充当价值交换的枢纽，因此平台治理也强调增强主导地位与市场权力。

第二，平台治理的外延不断拓展，呈现百花齐放的局面。蒂瓦纳（Tiwana，2015）在其平台生态系统的经典论著中指出，平台治理由决策权力、控制组合与激励机制三个相互关联、相互制约的治理维度构成。决策权力涉及平台所有者与参与者之间的权力与责任划分，控制组合是平台所有者确保参与者与自身价值主张协同一致的控制策略，而激励机制是围绕定价策略实现平台参与者价值分配的过程。新近研究在蒂瓦纳（2014）的基础上展开，对平台治理进行了不同切面的外延拓展，布里杜和斯托尔霍斯特（Bridoux & Stoelhorst，2022）根据治理目标将不同的治理策略进行了分类，包括吸引参与者的策略、确保规则遵守的策略以及促进生态系统扩展策略，与之类似的是托马斯和里塔拉（Thomas & Ritala，2022）在最新的新创平台研究中同样以治理目标为依据对治理策略进行了归纳，包括激励参与的话语合法性治理过程与促进实绩的行为合法性治理过程；钟琦等（2021）参考一般网络治理理论按照将平台治理机制划分为正式治理机制与非正式治理机制；魏江和赵雨菡（2021）则聚焦于数字平台特征，提出以平台构建、技术应用与资源协同为目标的三类治理机制，包括关系机制、控制机制与激励机制。

综合来看，在网络治理理论与平台生态研究的交叉领域，目前已经涌现出平台治理的研究流派，尝试解决平台所有者所面临的适度控制与释放柔性平衡挑战（Tiwana，2015）：一方面，平台治理塑造着参与者的决策过程，进而诱发具有价值共创特征的参与性活动。例如，一组研究发现平台治理规则能够影响参与者接入平台，激励参与者对平台做出积极的贡献（Eisenmann et al.，2006），能够影响参与者的多接入行为（Chen et al.，2021）以及参与者之间的知识共享行动（Zhang，et al.，2020）。另一方面，平台治理因着平台上多主体的集体行动问题而产生，即参与者出于自身利益而牺牲平台整体价值共创利益，因此平台治理有助于约束参与者的集体行动。例如，一组研究以集体行动理论为基础挖掘平台治理机制，特别地，布里杜和斯托尔霍斯特（Bridoux & Stoelhorst，2022）通过揭示平台上参与者价值创造与价值获取的集体行动，发现平台企业治理集体行动的模式，也有研究进一步提出集体治理以呼应布里杜和斯托尔霍斯特的研究观点（O'Mahony & Karp，2022）。

1.3 关键问题与模型框架

本书依托"创业板上市企业联盟网络数据库"与"平台生态系统数据库"展开理论分析，其中，创业板上市企业联盟网络数据库以 2009—2016 年在创业板挂牌的企业为研究对象，采用文本编码的研究设计，以《公开转让说明书》为时间起点（T_0），以《公司年度报告》为时间序列（T_n），以《联盟公告》《战略合作框架协议》等关于企业间合作的公开资料为时间序列上发生的事件内容，构建的动态跟踪数据库。平台生态系统数据库是以移动操作系统平台为研究对象，采用数据爬虫、算法识别、数据清洗等设计与方法构建的动态跟踪数据库。本书的整体理论框架如图 1-1 所示。

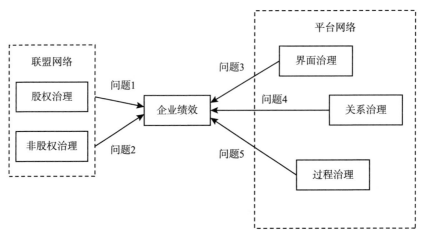

图 1-1　本书的整体理论框架

1. 联盟网络股权治理是否能够促进企业绩效与创新水平的提高

股权治理包括创业企业出资持有因联盟而建立的合资公司股权，或者创业企业与联盟伙伴通过交叉持股来维系联盟关系（Reuer & Devarakonda,

2016）。因此，传统的股权治理主要是单一联盟的双边关系治理方式，而在联盟网络情境下，股权治理更为复杂，表现为是否在联盟网络中实施股权治理或是联盟组合中实施股权治理的比例。从本书来看，创业企业围绕联盟伙伴着力构建组织间网络构建联盟组合，这一网络化的股权治理特征如何影响创业企业绩效与创新水平是本书关注的重点问题之一。

2. 联盟网络非股权治理是否能够促进企业绩效与创新水平的提高

非股权治理主要通过对联盟管理能力的塑造实现对股权治理策略的补充，目前在联盟网络有效性发挥过程中的作用也已经得到逐步的认可。联盟管理能力被认为是一种以有效引入联盟伙伴资源的方式，有目的地创建、扩展或修改企业资源基础的动态能力，它是基于组织规范的集合，因此需要被理解为多维结构，而本书将其解构为联盟网络学习、联盟知识吸收、联盟过程管理为主要内容，剖析其对创业企业绩效与企业创新的影响。

3. 平台网络界面治理如何影响用户满意与数字创业者产品创新

平台企业应当订立怎样的标准以判别什么样的参与者能够接入平台？已有研究多将界面治理规则视为一种筛选工具，用来剔除劣质的参与者，而对于界面规则的"输入性"特征认识不足。界面规则既需要通过培育灵活性以促进平台多样，同时又要保持稳定性以防止平台分散，因此，对这一问题的回答有助于我们厘清界面治理与平台参与者绩效关系。从本书来看，作为平台网络治理的关键维度，界面治理通过守门控制的形式表现出对用户满意度与数字创业者产品创新的重要影响。

4. 平台网络过程治理如何影响用户满意与数字创业者产品创新

在平台所有者与参与者价值共创的过程中，参与者对平台规则的遵守程度成为所有者对其互动意愿与合作程度的期望基础，为实现这一期望所有者会进一步观察并监督平台参与者的行为。对此，本书从平台对用户隐私控制这一角度揭示过程治理的影响。平台企业以数据作为关键要素，然而数据计算中的算法歧视、算法偏见与隐私暴露等数据问题也带来了诸多负面社会问题，因此平台过程控制中的隐私治理成为平台企业创新过程中的治理焦点，另外，平台也可能以隐私控制为由无限放大对平台参与者的控制程度从而产生一系列负面影响，这意味着，要回答平台隐私控制的治理效应需要深入挖掘其是否以及如何影响用户满意度与数字创业者产品创新。

5. 平台网络关系治理如何影响数字创业者行为与数字创业者产品创新

平台作为创业网络的主要形态之一，多主体间共生行为是其主要特征，其创新活动的核心在于协同共生的过程。多主体通过采取何种共生行为促进平台协同的关系治理，是当前平台企业实现创新引领和价值共创亟待解决的问题。多主体在相互依存中所形成平台内和平台间的互动关系会对参与者产生怎样的影响？以平台数字创业者对不同平台的选择衡量平台间的互动关系，以数字创业者产品之间以及数字创业者产品与平台的连接程度衡量平台内的互动关系，本书分析了平台决策权设计对数字创业者多栖行为的影响，以及平台内/平台间互补性对数字创业者产品创新的影响，以期从平台关系治理形成对参与者行为的解释，为平台企业以及平台数字创业者提供者提供管理建议。

1.4 内容框架与研究结论

1.4.1 内容框架

基于研究问题以及理论模型，本书后续章节的内容安排如下。

第 2 章介绍了创业板上市企业联盟网络数据库与平台生态系统数据库的设计、建设和拓展情况，创业板上市企业联盟网络数据库与平台生态系统数据库是本书依托的数据来源，一方面体现了本书聚焦中国新兴企业特色，另一方面关注了世界范围内应用最为广泛受关注度最高的平台生态系统。系统介绍数据库，不仅是为了阐述本书的分析数据来源，也是欢迎感兴趣的同行共同开发数据库，联合开展相关研究。

第 3 章以创业板上市企业联盟网络数据库为基础，聚焦联盟网络股权治理对企业绩效以及创新结果的影响。主要关注以创业板企业为主体构成的联盟组合网络，包括创业企业对联盟组合采用股权治理是否以及为何塑造企业财务业绩、产品/服务创新性、著作权和专利等方面的差异。

第 4 章以创业板上市企业联盟网络数据库为基础，聚焦联盟网络非股权治理对企业绩效以及创新结果的影响。在创业板联盟组合网络情境下，考察包括创业企业对联盟组合采用联盟网络学习、联盟知识吸收、联盟过程管理等非股权治理，是否以及为何塑造企业财务业绩、产品/服务创新性、著作权和专利等方面的差异。

第 5 章分析了平台经济发展的新态势与平台网络治理的新趋势。一方面阐述了全球平台经济发展遭遇瓶颈，而我国平台经济在经历高速增长后进入规范与创新并重的新阶段，另一方面也指出了平台参与者对平台品牌建设、渠道、运营、知识产权保护及基础设施能力提出了更明确的新诉求。本章着重揭示了当前平台网络治理面临的核心困境在于如何有效解决多主体价值共创过程中的集体行动问题，系统梳理这些新态势、新诉求与核心困境，为深入探讨界面、过程与关系等治理机制及其治理效应奠定了重要的理论基础。

第 6 章以平台生态系统数据库为基础，聚焦平台网络界面治理对企业绩效以及创新结果的影响。主要关注围绕 iOS 手机平台生态系统所构成的数字创业者网络，分析平台企业加强或是放松守门控制为手段的平台网络界面治理，是否以及为何塑造平台用户满意度与数字创业者创新等方面的差异。

第 7 章同样以平台生态系统数据库为基础，聚焦平台网络过程治理对企业绩效以及创新结果的影响。主要关注围绕 iOS 手机平台生态系统所构成的数字创业者网络，以隐私控制作为过程治理的切入点，分析平台企业加强对用户的隐私控制为手段的平台网络过程治理，是否以及为何塑造平台用户满意度与数字创业者创新等方面的差异。

第8章重点分析了平台网络关系治理对数字创业者行为与数字创业者创新绩效的影响。一方面考察着眼于平台间关系的平台决策权设计对数字创业者多栖行为的影响，另一方面讨论着眼于平台内关系的平台互补性对数字创业者创新的影响，形成对平台网络关系治理影响数字创业者行为及其经济后果的系统性解释。

第9章立足包括联盟网络与平台网络在内的创业网络情境讨论了网络治理的管理重点与决策挑战。这部分围绕联盟网络与平台网络治理的绩效作用、重点讨论不同创业网络情境下，作为网络构建者企业如何作为治理主体对网络进行有效治理，或是作为网络参与者企业如何作为治理客体应对治理调整，更有助于发挥网络治理的优势塑造潜力。这部分分析更细致地揭示了网络治理过程中的管理挑战，并在此基础上隐喻了过程观视角下值得研究的重点课题。

1.4.2 研究结论

利用"创业板上市企业联盟网络数据库"与"平台生态系统数据库"，我们对上述问题进行了探索，围绕以下四个方面形成研究结论。

1. 从股权治理视角建立对企业绩效差异的理论解释与经验证据

股权治理对于企业绩效尤其是创业企业成长的作用已被已有研究所认可，但相关研究主要对单一联盟的股权治理进行了一定的研究，包括股权治理的主要模式，股权治理的影响因素等，而对股权治理会产生怎样的经济后果关注相对较少，从联盟网络的视角考察股权治理对创业企业绩效的影响更是几乎没有。因此，本书立足于创业企业所构建的联盟组合这一独特的联盟网络情境，通过对创业企业采用股权治理方式以及股权治理占比的分析，揭示企业绩效与企业创新两个方面的研究发现，一是当创业企业在构建以自身为中心的联盟组合过程中采用股权治理能够通过降低机会主义行为以及提升联盟关系的行动一致性水平时，其企业绩效表现出差异，但这一差异可能需要较长时期才能够得以显现的研究结论；二是采用股权治理能够通过保护创新资源以推动企业创新顺利实现，但在联盟组合网络情境中采用股权治理并非越高越好。

2. 从非股权治理视角建立对企业绩效差异的理论解释与经验证据

非股权治理在联盟网络有效性发挥过程中的作用也已经得到逐步的认可，但已有研究仍主要停留在非股权治理形式的理论探讨层面，而对非股权治理的具体作用关注相对较少。因此，本书立足于组织规范的视角，从联盟网络学习、联盟知识吸收、联盟过程管理三种方式分别探索创业企业采用非股权治理以及非股权治理占比的分析，研究结果揭示出采用非股权治理以及非股权治理在联盟组合中应用的不同程度都会在企业绩效与企业创新两个方面呈现差异。

3. 平台网络界面治理影响消费者满意度与数字创业者创新的作用差异

本研究发现平台企业界面治理会对平台用户满意度与平台数字创业者创新产生影响，但其影响作用机制存在差异。从用户满意度来看，平台企业放松守门控制所导致的"搭便车"问题在平台层面产生负反馈循环，数字创业者对集体利益的平均贡献意愿随之降低，同时还可能降低平台整体的吸引力，导致与平台—数字创业者组合相关的用户满意度随之下降。从数字创业者创新来看，研究结果表明平台守门控制对数字创业者创新产生的影响中，竞争效应大过盗版效应，即平台内应用的竞争程度大幅度提高，由于用户的选择余地大大增加，这就给了数字创业者更大的压力促使其提升创新水平。

4. 平台网络过程治理影响消费者满意度与数字创业者创新的作用差异

本研究发现平台企业过程治理会对平台参与者即用户满意度与数字创业者创新产生影响，其影响作用机制同样存在差异。从用户满意度来看，平台企业加强隐私控制减少了用户使用免费产品的机会，同时也减少了用户的选择，由此导致用户满意度随之下降。从数字创业者创新来看，研究结果表明平台企业加强隐私控制本质是平台对数据管理方式的改变，依附于平台的数字创业者出于对商业模式进行调整以及增加市场相对竞争力的动因推动其创新水平提升。

5. 平台网络关系治理驱动的数字创业者行为与创新

平台网络关系治理是一种非正式治理机制，但其因对正式治理机制的补充与支撑作用，成为平台网络治理不可或缺的重要维度。研究发现，平台企业关系治理会对数字创业者行为及其创新水平产生实质性影响。具体而言，从平台间视角来看，平台所有者对平台参与者下放更多的决策权，数字创业者产生多栖决策的应用比例更低，决策时间也相应更长。这有助于回答平台所有者对待平台参与者在决策权方面的态度，即在不同时点如何选择从完全开放到完全封闭的各种不同治理设计。从平台内视角来看，通过引入连接性的概念，用于描述数字创业者与平台（即平台连接性）以及与其他数字创业者（即互补连接性）的互动程度，研究发现更高的连接性可能使应用能够充分利用平台内更广泛的关系实现创新，这有助于回答平台参与者如何有效发展平台网络关系推动其自身创新水平的提升。

第2章 创业联盟网络与平台生态系统数据库

2.1 联盟组合为基础的创业网络数据库

本数据库以创业板企业为研究对象，主要包括 2009—2016 年挂牌上市的企业，文本编码来源包括《公开转让说明书》《公司年度报告》《联盟公告》以及《战略合作框架协议》等。课题组进行资料下载与数据编码的时间是 2017 年，因此上述资料截至 2016 年底。自 2009 年创业板有第一个挂牌企业以来，截至 2016 年底，在创业板挂牌上市的企业共有 719 家，构建了 2 个以上联盟的企业有 448 家。由于我们的研究对象是以联盟的形式建立创业网络的企业，因此本研究报告共涉及 448 家创业板企业。

2.1.1 理论模型与基本架构

创业网络是创业研究的经典话题，关于创业网络在创业企业成长过程中的资源功能和声誉功能已得到大量研究的论证，且已有研究认同创业网络之于创业企业成长的线性解释逻辑（Larson & Starr，1993；Hite & Hesterly，2001；Lechner & Dowling，2003；Slotte - Kock & Coviello，2010；Vissa，2012）。然而，在互联网和信息技术背景下，创业网络对创业企业成长的作用可能表现为非线性的解释逻辑。一方面，源于创业网络自身的非线性扩张；另一方面，创业网络不仅扮演着资源供给的角色，更重要的是，创业网络成为创业企业设计商业模式，实现价值共创的重要内容。

伴随着创业企业由生成到成长的发展过程，创业企业所面临的任务和挑战不同，其所利用的创业网络也呈现出类型和内容上的变化（Hoang & Yi，2015）。尽管创业者所建构的初始网络是投入于创业过程的初始资源禀赋，对初期创业活动的开展起到重要作用，但这种网络往往表现为创业者的个人化关系网络（Peng，2003），一方面，难以直接转变为围绕企业间交易的商业网络，限制了以创业企业作为主体的经济活动的开展；另一方面，局限于创业者个人社会关系的网络也无法满足创业企业生成的全部资源需求以及快速资源扩张。对于高成长的创业企业而言，高成长速度需要创业企业快速确立交易关系安排并促进交易的开展，同时在不同主体间进行资源编排，实现资源组合的快速扩张以支撑创业企业发展。因此，为了实现由创业者个人化社会网络向蕴含利益相关者交易安排的商业网络的转化，创业企业需要通过商业模式的设计建构包含多边利益相关者的商业模式网络，实现由新生（birth）到拓展（expansion）的成长。

无论是何种类型的网络，创业者设计用以驱动创业企业成长的创业网络，促进了创业网络在主体构成（actor）和关系联结（tie）上的形态初具。当创业者设计出创业企业成长所需的创业网络后，仅明确了向谁寻求帮助、从哪里接入资源的网络架构，即使架设起网络联结，仍未能形成能够获取、调用资源的深度嵌入结构（Ozdemir et al.，2014）。从网络理论来看，所谓嵌入是指行动者在网络中居于中心的、控制性位置，往往表现为以较高的效率联结少数节点企业，却能调动大范围资源的结构（Granovetter，1985；Uzzi，1996）。嵌入式的网络结构能够帮助企业更高效地联结网络中的主体，调用更为丰富的网络资源（Hite，2005）。从这个意义上说，创业网络由初始的个人化社会网络向非个人化的组织间网络，再到有着内在交互关联属性的联结组合网络的演化，其价值并不在于网络类型的转换，而在于创业企业嵌入于不同网络的独特结构，能够激发网络资源向创业企业流动，塑造创业企业相对于网络伙伴的依赖优势。

　　创业企业如何构建创业网络，如何利用创业网络推动企业成长，对这一问题的回答是本数据库建立的起点。相较社会网络研究利用提名生成法来勾画创业者社会网络结构，本数据库利用创业企业在创业板上发布的公开资料为数据编码的资料源，通过对企业发布的战略联盟建立、战略合作协议等资料进行编码，从而勾勒出创业企业以联盟合作为主要关系构成的创业网络。本数据库所构建的创业网络是以正式合作为联结纽带的网络，不包含没有签署合作协议，而在日常经营活动中非正式合作的联结关系。这主要是由于，从研究情境而言，我们关注的是在资本市场挂牌的创业企业，他们以组织为单元构建的正式网络对其利用合作撬动资源，吸引资本市场的投资者具有重要意义。

　　之所以选择创业板挂牌企业为主要研究对象，主要是因为：（1）创业板企业具有成长性，它们没有主板企业的大规模，也没有中小板企业的成熟，它们的成长性使其具有创业企业的熟悉；（2）创业板企业为了保持成长性，时常需要吸引投资，通过发布联盟公告、战略合作等重大事项吸引各类机构投资者注意，这使得它们披露组织间合作的意愿更强、可能性更高；（3）截至课题组搜集创业板上市企业联盟资料时，创业板已经发展多年，创业板企业利用联盟网络谋求发展形成一定的时间跨度。

　　基于数据库设计的理论模型，以样本企业挂牌的《公开转让说明书》为时间起点（T_0）、以年度报告、联盟公告为时间序列（T_n）针对每家编码企业构建动态跟踪数据库（见图 2-1）。例如，企业 A 于 2009 年在创业板挂牌，以公开招股书为依据，2009 年是编码时间起点，后续针对年度报告（2013 年、2014 年、2015 年、2016 年、2017 年……）作为时间序列分别编码，这部分编码内容包括企业基本情况、企业治理结构、企业高管特征、企业财务情况、企业主营业务与资源情况、企业商业模式特征等。针对《联盟公告（2009—2016 年）》作为时间序列分年度地针对公告进行编码，这部分编码内容包括企业联盟网络规模、联盟合作伙伴特征、联盟蕴含的资源、联盟双方的责权利、联盟管理方式等。在编码数据库中，总共包含 3800 多个变量。

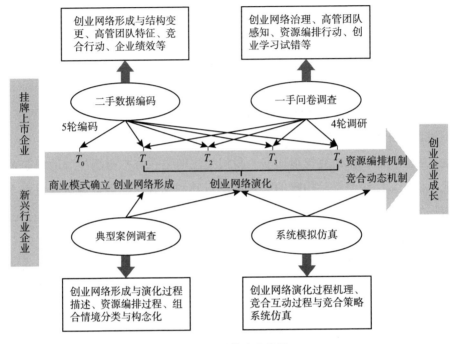

图 2 - 1　总体方案设计

2.1.2　编码过程与数据检验

1. 编码过程

本数据库中针对样本企业的文本编码的二手数据来源包括：《公开转让说明书》《年度报告》《联盟公告》以及其他重要的公司公告、公司网站信息等资料。这些是依据中国证监会指定的上市公司信息披露网站——巨潮网（http：//www.cninfo.com.cn/）发布的挂牌企业名录首先确定企业名单，进而在巨潮网上下载相关资料。通过预先设计编码工作手册（见附录A），确定需要编码的变量及其编码标准，对公开二手资料进行文本编码。

我们分别针对上市企业的联盟公告和年度报告设计了不同的编码问卷，并进行了反复修正和调整。针对联盟公告的编码侧重于由单个联盟的特征刻画整体联盟网络的特征，包括联盟网络的规模、多样性等结构特征，联盟网络的治理、网络内学习等管理特征，以及联盟网络在探索性与开发性上的功能属性。针对公开转让说明书和年度报告的编码问卷侧重于董事会和高管团队在个体层面和团队层面的特征，公司治理架构如股权、控制权等，企业商业模式与经营业务，企业资源如专利、著作权等技术特征，企业社会责任等内容。通过对不同年份年度报告的编码，我们还关注了企业财务绩效的变化、董监高结构的变化、企业战略与商业模式变化等内容。

数据库包含主观变量和客观变量两类。客观变量中，包含可直接从文本资料中复制的数据和信息，如董事、高管的人口统计学特征，企业财务信息等；还包括能够根据文本描述间接提取的信息，并据此转变为变量的赋值，如客户集中度，要根据前五大客户中收入占比最高的第一位客户和最后一位客户收入差距来判断。主观变量主要是依据文本描述进行主观判断的变量，主要涉及商业模式的相关变量，以及联盟的探索性与开发性编码。总体来看，数据库的变量涉及：上市公司基本情况，关于供应商、客户的情况，商业模式，技术研发情况，对外投资、参股、并购情况，关联交易情况，企业社会责任情况，实际控制人情况，董监高基本信息、董监高的先前经验和对外任职情况，员工情况等；围绕联盟数据，变量涉及联盟对象情况，联盟的性质与功能，联盟双方为彼此提供的资源，联盟间的治理方式与管理手段，联盟内的学习情况，探索性联盟与开发性联盟（主观测量）。

课题组自 2017 年 8 月至 10 月即开始设计针对创业板上市公司联盟数据的编码问卷，11 月 8 日至 10 日对编码团队成员（11 名编码员）进行培训，11 月 11 日开始编码。编码工作分三个阶段进行，持续至 2018 年 6 月 1 日完成。11 名编码员在完成主编码工作后，进行随机配对，开展背对背编码，以提高编码信度。该数据库的样本时间范围囊括创业板创立伊始的 2009 年到 2017 年 6 月 20 日，构成面板数据结构。截至 2017 年 12 月 31 日，课题组共完成对创业板 448 家建立了战略联盟的企业的编码工作，编码文件包括 3354 份《年度报告》和 5389 份《联盟公告》。具体而言，编码工作包括以下流程。

首先，课题组设计了编码工作手册，根据该手册对 11 位编码人员进行了编码培训工作。在培训基础上针对 11 家企业进行试验性编码，核对编码结果和过程，并对编码过程中存在的问题进行了充分讨论，从而校准编码人员对编码标准的理解。进一步地，根据编码中涌现的问题修正了编码手册，包括对于容易产生歧义和误解的题干重新表述，对部分题项答案没有覆盖所有可能的情况进行修订，对部分间接提取的客观变量赋值标准进行修订，等等。在确定编码人员充分了解编码规则之后，启动正式编码。

其次，进入正式编码过程，课题组利用三个阶段推进编码工作。尽管本数据库包含的样本企业数量并不多，但是涉及联盟合作事件却规模较大，且覆盖的时间范围较大，因此课题组根据联盟公告的数量将样本编码分三个阶段进行。在每一阶段开始时，编码组长随机给每位编码人员分配编码企业名单，编码人员需要先完成对样本企业公开招股书的编码，从而对企业的基本经营情况有全面的了解；然后，以每一年度为单位，对在这一年发布的联盟公告以及年度报告进行编码。在编码小组各个成员完成本阶段编码后，由编码组长对主观判定变量（商业模式结构、联盟的探索与开发属性）以及联盟网络中的关键变量（资源属性、治理属性等）进行交互验证，由编码小组随机选择编码人员进行两两配对验证。特别需要指出的是，编码人员事先并不知道配对分配。同时，为了确保主观判定变量两两配对编码验证的整体信度，在每个阶段的两两配对均不相同，以"编码员 1"为例，他在每个阶段的配对验证编码人员各不相同（分别为编码员 3、编码员 6 和编码员 7），同时他在事先并不知道谁是其配对验证人。

2. 数据检验

为了提高二手数据编码的质量，我们采取了三种检验来保证所编码数据的可靠性和准确性，这三种检验具体针对不同类型的变量而展开。

第一，针对客观变量，我们采用逻辑检验、极端值检验和随机检验三个步骤来进行数据核查和校验。

首先，逻辑检验主要是核查具有明显内在逻辑的变量数据信息是否有误，这往往表现为某个变量是否符合基本逻辑，或者变量间的逻辑关系是否符合常识。如全体股东股权比例是否等于"1"，最大客户减去第二大客户的收入占比是否大于"0"；我们针对逻辑检验中发现的问题进行了重新查询，更新编码数据以修正问题。

其次，极端值检验主要是针对变量数据的极大值和极小值进行复检，通过样本的描述性统计识别极端值，进而核查数据是否包含错误信息。例如，在本数据库的 448 家创业板企业样本中，以企业技术专利信息为例，针对极端值检验，涉及 52 家企业需要进行编码复检，占总体样本的 11.6%。通过极端值检验，我们将变量数据进一步修正，减少数据填写错误所产生的问题。

最后，随机检验是根据前面两个步骤检验中所发现的，出错率较高的编码人员按照一定的比例进行随机抽检。具体的工作步骤是，在出错率较高的编码人员所有的编码样本中，按照 20% 的比例随机抽取样本企业进行复检，一旦发现随机抽取样本的错误率高于 30%，即所核查部分信息出现错误的样本占所抽取样本的比例超过 30%，就对该编码员所编码的企业样本全额复检。

第二，针对联盟网络的探索与开发属性的主观判定变量的一致性检验，我们利用一致性检验和构念信度系数来进行。

首先，我们在编码过程中即设计了背对背的编码方式，即随机选择两个同学编码同一家公司联盟网络的探索开发属性，在检验阶段我们根据他们的编码结果进行配对检验。例如，我们将一个编码人员所编码的探索性联盟分值与和他编码同一组公司的编码员编码的分值相比对，利用科隆巴赫系数计算两组编码分值的一致性程度，据此判断编码一致性。

其次，我们将三个阶段样本企业以联盟为单元的探索性联盟分值（3 个问项）和开发性联盟分值（3 个问项），分别计算其构念信度。在两两配对的一致性检验方面，探索性联盟的信度系数是 0.754，开发性联盟的信度系数是 0.778。在构念信度方面，探索性联盟 3 个问项的信度系数是 0.867，开发性联盟的信度系数是 0.774。

2.1.3　数据库的进一步拓展与丰富

由于创业板上市企业联盟网络数据库，是围绕创业企业所构建联盟网络的结构、内容、治理、重构等展开研究，其更聚焦以联盟为特征的创业网络客观形态表现与内容结构。因基于公开文本资料进行数据编码的局限，我们在这一数据库中没有能够建立关于创业企业构建联盟网络的能力、治理联盟网络的能力等在能力维度的观察。为此，课题组采用了问卷调查的方式，通过对上市企业总经理或 CEO 围绕企业与外部合作伙伴或联盟对象，就合作关系、相互依赖、联盟管理能力等问题展开问卷调查研究，以拓展对联盟网络形态与结构的认知。值得说明的是，几经努力我们没有能够实现对创业板上市企业总经理或 CEO 的点对点问卷调查，作为替代方案，我们联合南开大学创业研究团队针对新三板完成了总经理问卷调查，同时补充了对新三板挂牌企业的二手数据编码。

在针对新三板挂牌企业总经理的调查问卷中，我们根据萨卡尔等（Sarkar et al.，2009）关于联盟网络能力的理论框架与维度划分，从合作主动性、联盟协调性、跨联盟关系治理三个维度建构对联盟组合能力的理论解释。合作主动性是联盟网络管理的重要内容，它聚焦于创业企业是否积极主动地寻求通过网络来实现组织间的合作，促进机会的实现、资源的利用、市场的创造等。这一维度通过 5 个问题来测量，分别是"我们密切观察环境，识别可能的合作或联盟机会""我们经常从不同的渠道收集有关潜在合作伙伴的信息（例如互联网、产品交易展示会、贸易展览会等）""我们时刻关注能够创造潜在联盟机会的市场""我们通过与关键企业结盟，努力抢占竞争先机""我们经常主动向其他企业提出联盟建议"。

联盟协调性，是指创业企业是否能够在联盟内部围绕与联盟伙伴的关系进行协调，以及是否能够开展跨联盟间关系的协调。这一维度通过 5 个问题来测量，分别是"在逆境或挑战时，不离不弃对我们双方维系关系非常重要""我们努力建立基于相互信任和承诺的关系""当出现问题或有需要时，我们力求灵活应对并包容合作伙伴""当出现争议时，我们时常重新评估事实来形成相互满意的折中方案""我们不拘泥于合同而以非正式途径与合作伙伴进行频繁的信息交换"。

跨联盟关系治理是聚焦非正式关系治理的一个维度，是指从联盟网络整体角度来看，创业企业能够总体上地在跨联盟间进行关系的协调，处理信息交换与联合问题解决。这一维度通过 5 个问题来测量，"我们将所有的外部合作关系视为一个整体来协调""我们能够协调不同合作伙伴之间的关系""我们的战略能够适应不同的联盟合作""我们具有在不同的合作伙伴间传递知识的规范流程""企业不同部门的管理人员会定期会面，考察我们如何在不同的合作伙伴间建立协同合作"。

在针对新三板挂牌企业总经理的调查问卷中，我们根据菲佛和萨兰基科（Pfeffer & Salancik，1978）关于资源依赖理论的观点阐述以及测量方式，我们在供应商维度和客户维度分别设计了 8 个问项用来测量创业企业与外部合作伙伴之间的相互依赖程度。问项分别针对供应商和客户情况，主要包括"如果替换现有供应商/买家，企业会面临较大的困难并导致额外成本""企业有足够多的可选择供应商/买家来确保供应商/买家之间存在竞争""市场上存在着其他替代供应商/买家来确保原料有效和及时供应""现有供应商/买家具有相对于其他非贵企业供应商/买家的技术优势""为了与贵企业合作，现有供应商/买家改善了管理流程来提升效率""为了与供应商/买家合作，贵企业做了不少专用性投资""如果替换现有供应商/买家，供应商/买家会面临严峻的财务危机""为了与贵企业合作，现有供应商/买家做了不少专用性投资"。

针对新三板挂牌企业总经理，围绕联盟网络管理能力、企业与外部合作伙伴之间相互依赖等内容的问卷调查，让我们能够形成对企业高管如何管理外部联盟网络，如何通过对网络的关系促进企业与合作伙伴的相互依赖等微观基础解释。课题组还针对新三板制造业706家应用互联网技术的创业企业进行了二手数据编码，识别出创业企业挂牌初期的商业模式属性与创业网络构成特征，这些二手数据与总经理调查问卷匹配形成了一手数据与二手数据相结合的数据结构。

在针对新三板制造业挂牌企业的二手数据编码中，我们关注的内容包括创业企业所设计的商业模式具有什么样的特征，创业企业以董事会、高管团队为构成的商业模式、战略联盟等战略制定者与决策者特征有哪些，创业企业所建构的客户网络、供应商网络、投资者网络具有怎样的结构。这些关于不同类型网络的结构变量同样包含在创业板上市企业联盟网络数据库中，这就形成了新三板与创业板企业的对比研究。未来我们还将进一步扩大对这些企业的问卷调查广度与深度，将更多的一手数据与二手数据形成匹配，且更深入地了解创业企业建构并治理创业网络的微观基础与深层次管理逻辑。

2.2 平台生态系统数据库

平台生态系统数据库的研究对象主要是两大移动操作系统平台，该数据库以依附于数字平台的 App 开发商为研究对象中最重要的研究主体，以 iOS 和 Android 操作系统上 App 为分析单元，通过爬取 App Store 和 Google Play 自 2019 年 1 月 1 日至 2022 年 3 月 31 日共计 39 个月 1185 天的数据，建构了平台生态系统动态跟踪数据库。由于 iOS 与 Android 两大操作系统覆盖世界上绝大多数国家，因此该数据库包含 60 个国家累计 21 万个 App 数据。数据内容涉及 App 开发商所开展的技术创新、设计的商业模式、联结的广告平台与广告商、竞争行动与合作方面数据、SDK 模块数据等，共包含超过 5 亿条观测记录。

2.2.1 理论模型与基本架构

1. 传统创业网络研究的核心逻辑与局限

创业网络如何促进新创企业生成和成长，是创业研究领域的经典话题。但在平台情境下，创业网络与新创企业成长之间的作用关系独特、复杂而有趣，新兴实践给已有理论带来了重要挑战和机遇，这主要源自创业活动本身发生的重要变化。概括起来，有关创业网络研究的先前研究大多数以机会为主线，注重挖掘基于社会属性的网络关系如何为机会识别和开发活动提供信息、资源、声誉、合法性等支持的作用机理，同时进一步揭示了创业网络从人格化网络向非人格化网络的过程机制（Larson & Starr，1993；Hoang & Antoncic，2003；Elfring & Hulsink，2003；Shane & Cable，2002；Stuart et al.，1999）。基于互联网和信息技术等诱发的连接红利和网络效应，不断涌现的新型商业模式被认为是解释新兴平台企业生成和成长的主流逻辑（Snihur et al.，2018；Ansari et al.，2016），与机会强调价值创造可能性不同，商业模式本质上是以价值创造和获取为主要逻辑的跨边界组织交易关系（Amit & Zott，2001），因此创业者在创业之初就注重聚焦于商业模式实施来布局其网络关系，同时因商业模式天生的经济属性，这一网络关系不再拘泥于社会属性关系的聚合，而是社会属性（例如个人网络）与经济属性（例如交易关系）相融合的混合网络（Williamson，2000），一旦布局成功，就会呈现为快速的非线性成长，产生强劲的颠覆效应（Christensen，1997）。

2. 平台情境下创业网络布局的转型特征

在平台情境下，新创企业以商业模式创新而非机会为起点来布局创业网络，这一事实挑战了经典创业网络研究的基本假设，这至少表现在四个方面。

第一，新创企业的网络布局不再局限于资源获取，而是具有更强的主动性和战略性。联结多边市场的平台企业通过与来自不同行业的伙伴建立网络关系，不断向不同领域延伸拓展，形成涉足多领域的多元化战略布局。伙伴之于新企业的作用不再拘泥于资源提供者，而是新企业战略版图中的棋子，使其成为创造顾客价值的合作者。

第二，新创企业不再以网络伙伴的地位和资源含量为主要的筛选标准，而是以伙伴与新企业所形成的互补类型作为判断依据（Jacobides et al.，2018）。在传统的工业化背景下，新企业倾向于与拥有丰富资源的高地位主体建立关系，从而获得有价值的资源（Baum et al.，2000）。而在互联网背景下，以平台方式成长的新企业更倾向于寻找能够与自身在价值活动上形成多种互补类型的伙伴，目的在于双方共同实施价值活动，甚至允许顾客直接从伙伴手中获取价值，而非传统方式中整合伙伴资源再由新企业向顾客传递价值（Hagiu & Wright，2015）。

第三，以往的创业网络更关注通过紧密的网络关系促进资源的传递与共享，而新创平台企业则侧重与伙伴建立松散的联结，在治理成本最优化的条件下编排优质资源。传统的网络理论指出表征为频繁互动、紧密关系的强联结能够提供丰富的资源与情感支持（Jack，2010），但在互联网背景下，双边市场驱动的平台企业的创业网络呈几何式增长，新企业难以承受大规模强联结网络所需要的高治理成本，代之以松散的网络联结提高网络治理效率。

第四，相比传统的创业网络逐步建构过程，新创平台企业需要以更快的速度选择、接入网络伙伴，避免使其最初吸引的网络伙伴因网络形成的迟缓而脱离网络。平台企业的创业网络需要通过一方的基群规模形成对另一方的吸引，这种网络效应来自新企业能够快速联结网络伙伴并形成关系黏性，激发并维持网络效应（Cennamo & Santaló，2013；Cennamo，2019）。由此可见，以战略布局为导向，以快速、松散的方式建立蕴含多种类型价值活动互补的创业网络，是新创平台企业依托网络实现高速成长的独特路径，非常值得关注。

事实上，近期研究已经开始关注到这一变化，尽管研究相对零散但结论具有较强的启发性，构成本课题组开展数据库设计的重要基础。目前，主流学者认同平台不仅成为新的网络组织形式，更是新创企业布局战略版图、推进创业活动的重要手段（Srinivasan & Venkatraman，2019）。具体而言，创业网络是平台企业借以进行战略布局，实施并检验商业模式的工具，挑战的是平台企业快速而高效地进行多主体间资源编排的能力，以及调配多个价值模块共创价值的能力，而不再是获取资源后的自我整合能力。这一判断得到战略研究领域关于平台战略的观点支撑，例如，麦金泰尔和斯里尼瓦桑（Mclntyre & Srinivasan，2017）关于网络、平台与战略的理论性研究显示，基于战略管理视角对平台的研究聚焦于平台发起者如何影响网络伙伴接入网络的时机策略（Suarez et al.，2015；Chintakananda & McIntyre，2014；Fuentelsaz et al.，2015）、如何抵御在位企业的竞争威胁（Eisenmann et al.，2011；Schilling，2002；Sheremata，2004），以及如何利用平台所构建的网络获取竞争优势（Eisenmann et al.，2006；Kapoor & Lee，2013）。这些研究成果论证了平台与网络、战略的相关性，但由于当前战略管理视角下的平台研究过分拘泥于对用户端的关注，而缺乏对如何管理数字创业者的研究，因而不能很好地解释新创平台企业如何利用创业网络实现战略布局从而推动成长的过程机制。

3. 数据库理论模型设计：演化、互动与混合治理

基于这一现实难题和理论挑战，课题组从以下几个方面入手设计数据库的理论模型。

第一，创业网络从形成到演化是与新企业成长相伴相随的共演化过程，其中包含着新企业通过试错、学习从无到有地建构创业网络的过程，也包含着根据环境变化与商业模式调整所诱发的创业网络演变过程。在平台情境下，创业网络形成的周期缩短，演化更为频繁而快速（Smith et al.，2017），捕捉新企业如何通过创业学习、试错调整等行动推动创业网络的快速形成与演化，将有助于挖掘新企业成长过程中创业网络的动态性及其影

响新企业成长的作用机制。因此，课题组围绕依托移动操作系统平台创业的 App 开发商进行产品迭代更新的行为为研究现象，捕捉他们在不断创新过程中的学习效应与试错行动。

第二，创业网络以关系为基本的分析单元，但不应仅关注关系内一方主体的行动，而更要关注关系双方的互动。这种互动表现在行动者双方围绕网络行为的博弈，以及由此引发的资源在行动者之间的来回往复（Hoang & Yi，2015）。同时，互动是过程推进的动力，探究新企业在与网络伙伴的关系互动中进行资源编排与竞合动态，有助于丰富对创业网络形成与演化过程的理论解释。因此，课题组重点围绕平台情境下的网络效应与主体间关系展开数据库设计，一方面利用 App 开发商借助平台联结不同边参与主体的规模情况来刻画单边网络效应与跨边网络效应，另一方面利用开发商们在平台上开发子平台以衡量平台架构中嵌入性网络特征。

第三，创业网络从形成到演化还是网络正规化的过程，其折射出新企业对网络中关系的管理模式。交易成本理论主张以契约的方式进行交易管理（Williamson，1991），社会网络理论主张以信任的方式维系交易关系（Uzzi，1997），而从嵌入的角度解析创业网络的管理则聚焦于上述两种方式的中间路线，融合经济理性和社会理性的混合治理（Hite，2005）。在平台情境下，新企业的创业网络正规化并非交易成本的契约管理，也不是社会网络理论的信任管理，管理方式的选择不仅与网络伙伴的类型与关系性质，而且与新企业利用创业网络的战略布局有关。因此，课题组围绕平台治理展开数据库设计，着重识别平台企业如何设计治理规则从而激励与约束并举地管理与平台参与者之间的关系，同时剖析平台治理规则对参与者行动反应的影响。

2.2.2　数据库建设过程

蕴含多主体互动的平台生态系统为本课题提供了很好的研究样本。通过文献检索，课题组发现已有对平台生态系统感兴趣的学者开始以其为对象采集数据，包括 App 详细信息与 App Store 排行、推荐应用、推荐素材、App 下载与收入、活跃用户、广告平台绩效、用户画像等平台生态系统中多主体的数据，同时已经有国际管理学研究学者围绕数字平台 App 的数据在国际顶级刊物上发表了论文，

为此，课题组联系了世界领先的开发 iOS 和 Android 数据库的 App Annie（2022 年更名为 data. ai，以下称 data. ai）数据公司，围绕课题研究设计，联合开发专有数据，包括 App 详情/排行和推荐、评级 & 评价与 ASO Ranks 等数据，整合了学术研究过程中可能用到的大部分基础数据。同时，双方还共同爬取与开发市场尚无或获取难度较大的下载和收入、活跃用户、安装相关指标等特色研究数据，为进一步的研究拓展奠定了坚实的基础。

首先，课题组进行了数据库整体设计，从苹果和谷歌作为生态系统所有者的整体性视角、商业生态系统中 App 开发商视角、平台上 App 视角三个层面建立数据库结构。生态系统层面涉及商业生态系统的价值活动内容、模块化结构、参与者规模、生态系统治理规则等内容；开发商层面涉及企业开发 App 投放哪个平台的战略决策、App 产品开发组合的产品策略、海外投放 App 的国际化战略等内容；App 层面涉及 App 详情/排行和推荐、商店评级与用户评价、用户下载安装使用情况等内容。

其次，基于上述数据库整体设计，课题组利用 data. ai 数据公司提供的数据接口，爬取了 App Store 和 Google Play 自 2019 年 1 月 1 日至 2022 年 3 月 31 日共计 39 个月 1185 天的数据。数据库共包含 60 个国家累计约 21 万个 App 数据，超过 5 亿条观测记录。由于 data. ai 数据公司仅提供了单个 App 的详情展示而非结构化数据，课题组需要逐个进行 App 数据下载、爬取与清理，耗时超过 6 个月时间。

最后，遵循上述数据库整体设计安排，我们具体实施数据编码工作。由于 data. ai 公司所提供的数据接口（10 个账号）是针对单一 App 的信息查询，而不是一个类别 App 或一个国家 App 的整体下载，因此我们采用手动下载的方式，逐一将 App 相关信息进行下载。同时由于该公司数据服务器在美国，单次数据下载仅能实现以 20 个 App 为单元，因而我们为数据下载

投入了大量的时间。经过 4 个月的时间，我们完成了全球 60 个国家游戏市场排名前 1000 的 App 数据下载。后续又针对教育、医疗、工具、社交四类 App 进行了与游戏类 App 相同数据结构的下载。

数据结构主要包括：一是每一个 App 的基本特征，包括软件包大小、上架时间、所属类别、是否有应用内购买、免费还是付费等，这些特征不随时间变化，因而构成了 App 的特征数据组合。二是每一个 App 的动态变化特征，包括每日下载量、收入水平、下载/收入排名、用户评分、用户评论数量、月活用户数、装机率、打开率等，这些特征以天为单位形成动态变化。三是每一个 App 进行更新的事件，包括更新的版本号、更新内容、更新大小、更新时间等；App 所使用 SDK 情况，包括使用 SDK 的数量与类型，每一种 SDK 安装和卸载的时间，SDK 的提供方等；App 接受其他 App 投放广告的情况，以及 App 在其他 App 上做广告的情况。这些构成了特色 App 数据。

2.2.3　基于数据库的系列研究

利用平台生态系统动态跟踪数据库，课题组开展了系列研究，主要围绕以下五个方面展开。

第一项研究关注操作系统平台上，创业者进行软件更新的技术创新活动是否会对创业者绩效产生影响。利用课题组编码的数据库中关于软件技术创新的数据，我们识别出 App 开发商作为数字创业者开展的整体性创新（版本号首位更新）与创业者绩效的关系呈现倒 U 型曲线关系。这意味着，较高程度的技术更新会在初期带来绩效的提升，但较多的更新会带来用户的反感，因为这蕴含着对用户硬件设备的更高要求。进一步地，课题组利用 60 个国家的跨文化指标作为调节变量，分析得出在不确定性程度、长期导向还是短期导向等方面具有不同文化特质的环境中，App 数字创业者进行软件技术更新对其绩效的影响存在差异。

第二项研究在第一项研究基础上，进一步挖掘 App 数字创业者在进行软件技术更新时，其对平台技术架构模块的调用程度如何，这有助于识别数字创业者与平台的网络连接程度。平台连接性是平台情境下彰显网络结构的重要特征，其是指平台上参与者与平台建立网络联结的紧密程度。App设计使用时在多大范围内调用了平台的技术架构模块，调用的模块越多说明 App 与平台的连接程度越高。利用这一网络特征指标，课题组一方面考察了 App 数字创业者塑造的平台连接性是否影响其基于平台的创业绩效，另一方面分析了数字创业者设计 App 时调用平台连接性的程度是否对 App更新的绩效作用产生调节影响。

第三项研究则聚焦平台情境下的广告网络，着重识别 App 数字创业者如何利用广告平台对接广告主承接广告，抑或对接广告载体以投放广告，从而构建广告网络以形成围绕广告的收入模式和营销模式。围绕广告网络，课题组首先建构了对 App 数字创业者依托操作系统平台，进而联结广告平台以建构广告网络的多平台网络嵌入特征进行分析，通过对广告网络的类型进行细分，揭示广告网络影响基于平台的创业绩效的作用机理。其次，课题组在第一项研究基础上，着重分析了数字创业者设计 App 时利用广告网络建立的收入模式与营销努力是否对 App 软件更新的绩效作用产生调节影响。

第四项研究聚焦于手机操作系统生态的治理规则对生态系统参与者创新行为及其绩效的影响。对于操作系统生态治理规则的测量主要体现在两个方面。一是 Android 操作系统因其开放性与复杂性特征，其被已有研究普遍认可采用了分散化治理机制，而 iOS 操作系统因其封闭性特征，则被认为采用了集中化治理机制。二是两大操作系统发布的治理规则，如 Android 在2021 年 2 月发布隐私沙盒规则 iOS 也于 2021 年 4 月推出 ATT 框架，即隐私采集许可新政。基于此，该项研究重点挖掘商业生态系统所有者颁布的治理规则（如隐私政策）是否会影响 App 开发商接受这一规则而进行软件更新，从而将这一规则纳入 App 技术框架中；研究进一步挖掘，当生态系统采用集中化或分散化治理机制时，上述影响作用是否发生变化。

　　第五项研究聚焦于生态系统所有者与参与者之间的竞争互动。该研究主要围绕生态系统所有者进入 App 开发商所在业务领域所带来的进入威胁，是否会影响开发商的技术创新行为与绩效结果。利用课题组建构的 App 数据库，我们识别出了生态系统所有者根据 App 排名，投放业绩优异的 App 产品的市场进入事件；同时，我们也识别出了 App 开发商发布新版本的数量用以测量创新投入的努力。研究发现，当生态系统所有者进入 App 开发商所在产品领域时，后者会调整技术创新的方向与努力程度，表现在开发商会减少受到所有者冲击的产品创新；但他们同时会转向在未受影响的、新的 App 上寻求创新。进一步地，课题组还采用实物期权模型围绕生态系统所有者与参与者间的竞合互动与决策进行建模分析，用以揭示平台参与者针对所有者行动作出反应的决策诱因。

第3章 联盟网络股权治理及其绩效作用

已有研究对单一联盟的股权治理进行了一定的研究，腾与达斯（Teng & Das，2008）从股权占比的角度把战略联盟分为股权合资联盟、少数股权联盟和契约联盟，前两者涉及股权变动，契约联盟不涉及股权变动，严格来说契约联盟不属于股权治理的范畴。吉野与兰甘（Yoshino & Rangan，2007）则以是否设立新公司为标准把股权联盟分为设立新的实体公司和没有形成新的实体两大类，前者是联盟企业共同出资组建新的合资公司，后者则是联盟企业相互参股或是股权交换两种形式。综合来看，联盟视角下股权治理的形式至少包括合资公司、参股投资和股权交换三种方式，股权治理方式的特征是以共同股权作为联盟实质性的激励约束机制。

对于联盟网络而言，情况则相对更复杂一些，创业企业会先后或同时与多个合作企业建立联盟关系，每一个单独的联盟关系都有可能涉及不同形式的股权治理，叠加在一起就可能产生"1+1>2"的股权治理效应。基于此，本部分着重在联盟网络情境下挖掘以股权治理对创业企业绩效的影响，同时关注联盟网络与创业企业的独特性影响下的股权治理绩效作用。

作为联盟股权治理的主要模式，股权式战略联盟包括合资企业型、股权参与型与股权交换型三种方式。其中，最常见的是合资企业型联盟，具体表现为两个或多个企业共同出资组建新的法人实体，从事实质性经营并开展实质性业务工作。股权式战略联盟被视为资源获取、知识转移甚至企业创新的"沃土"，从资源视角来看，多个企业能够通过新的法人实体进行资源互换，从知识视角来看，合资企业相对于合作双方与多方均模糊了组织边界，更有利于促进彼此的知识分享，更进一步，合作领域丰富的资源、知识与经验如果能够有效控制出资企业负面溢出效应的前提下，则能够提示企业创新能力促进企业创新，由此使得治理模式发挥最大作用（Diestre，2018）。

就股权治理的影响因素而言，学者们主要将交易成本理论作为企业股权治理机制前因变量选择的理论基础。从交易成本理论的视角来看，构建联盟网络的企业合作过程的交易风险比较低的时候，可以采用契约治理的方式，因为契约的治理成本相对较低，但如果合作过程本身比较复杂，也需要更复杂的契约治理结构来提供具体的知识产权保护、监督和契约实施条款，则对应的治理成本也会随之显著上升。当交易风险进一步上升以至于机会主义变得难以容忍时，股权治理是一个理想选择，股权治理模式能够产生共享的所有权，由此所激励产生的一致性更有利于管理层实施更好的监督和控制机制。

威廉姆森（1991）则是从专用性投资的角度对其进行了解释，将专用性投资定义为影响治理结构选择的核心变量。专用性投资同样是基于交易成本理论所提出的资产专用性，主要是为了支持特定交易进行的持久性投资，例如企业为特定的合作或供应关系投入的专用设备、工具、人力资本和生产能力等。专用性投资形成后会将合作双方锁定在特定的交易关系中，专用性投资移做他用所导致的贬值水平特别高，因此如果专用性投资投入后交易关系终止，则投资方会遭受重大损失。威廉姆森（1973）还认为，人是有限理性且机会主义是无处不在的，这就导致契约总是不完备的，因此专用性投资越多，市场交易中的正式契约的不完备水平会更高，所需要的市场治理成本就越高，因此采用适合纵向一体化的治理；如果完全没有专用性投资的情况下，则适合市场交易；介于两者之间的交易适合混合治理模式来治理，包括股权联盟。

就现有研究来看，人们对股权治理会产生怎样的经济后果关注相对较少，尤其是在创业企业的情境下，众所周知，因为自身的资源约束，股权投资对创业企业更加重要，股权治理对创业企业理论与实践都具有明显的理论与现实意义。如前文所述，股权治理主要包括两种方式，即成立合资公司并持有合资公司股权以及交叉持股（Reuer & Devarakonda，2016）。股权治理主要是单一联盟的双边关系治理方式，而在联盟网络情境下，股权治理表现为多联盟组合中实施股权治理的比例。本书的初始样本为496家在创业板上市的企业，剔除没有发布联盟公告（意味着没有建立联盟）以及仅发布1条联盟公告（意味着没有建立联盟组合）的企业，最终样本由115家在创业板上市的高新技术企业组成。从联盟网络整体规模上来看，115家企业共建立了776个联盟，平均每家企业的联盟组合包含6.75个联盟。为了考察样本企业与剔除的未建立联盟组合的企业在企业年龄、资产规模、员工规模等人口统计学变量上是否存在差异，本书采用了方差分析，如表3-1所示。结果显示，筛选出的研究样本与剔除样本在上述统计变量上不存在显著差异。研究样本中从事制造业的创业企业有71家，占总数的63.9%，其他行业企业占总数26.1%；从已发布的联盟公告来看，制造业、软件和信息技术服务业在全部样本中所占比例较大，这个特点恰巧符合了创业板中以高新科技企业为主的特征。

表3-1　筛选出的研究样本与被剔除样本在年龄、规模变量上的方差分析

比较维度	企业年龄（年）				企业资产规模（亿元）				企业员工规模（千人）			
	均值	标准差	F值	Sig.	均值	标准差	F值	Sig.	均值	标准差	F值	Sig.
发布两条及以上联盟的115家企业	9.90	4.568	0.246	0.620	5.022	4.484	1.825	0.177	0.618	4.605	0.613	0.434
未发布两条及以上联盟的381家企业	9.56	4.742			4.300	5.170			0.958	4.643		

本书首先识别出联盟组合中每一个联盟是否采用了股权治理方式，具体识别方法为根据每一份联盟公告中对于联盟中双方是否出资、是否建立

合资公司等关于股权方面的内容进行编码，凡联盟中涉及依靠投资获取股权的编码为股权式联盟。根据 115 家样本企业分析发现，24 家企业没有进行股权治理，占 20.8%；91 家企业实施了股权治理，占 81.2%。其次，本书计算创业企业的联盟组合中采用股权治理方式的比例，即采用了股权治理的联盟数量除以联盟组合中的联盟总体数量，从而得出联盟组合的股权治理机制。例如，在以沈阳新松机器人自动化股份有限公司为焦点企业的联盟组合中，该公司分别与施耐德自动化有限公司、骏马石油有限公司以建立合资公司的方式实施股权治理，而该联盟组合的联盟总数为 8，因此联盟组合股权治理比例为 2/8 = 0.25。

3.1 联盟网络股权治理的绩效影响

联盟网络股权治理是社会网络与网络治理研究领域共同关注的话题，也是网络情境下创业企业业绩与创新水平提升的路径之一。联盟网络股权治理是创业企业建立联盟网络过程中不可忽略的重要环节和手段，这一治理策略对于创业企业而言显得更为重要，创业企业所面临的资源约束必定会使其在联盟关系中的股权变动更为谨慎，创业企业联盟网络合作过程中的股权治理与其自身业绩是否有关，更进一步，联盟网络股权治理结构是否具有实质性影响，人们对上述问题还知之甚少，因此在这一部分，我们将着重分析创业企业联盟网络合作过程中创业企业股权治理的业绩效应。

3.1.1 联盟网络股权治理及其对业绩的影响

就股权治理的经济后果而言，已有研究主要集中于两个方面。一是创业企业合作绩效，在双边的合作关系中，往往涉及复杂的知识产权情境下的共同研发，这就使得合作绩效低甚至合作失败成为常态。交易成本经济学认为自利尤其是过度追求自我利益容易导致合作失败，而从基础资源观的视角，合资企业双方资源不平等可能导致权力失衡，这也是合作失败的主要原因之一（Duysters & Lokshin，2011）。二是企业创新，李等（Lee et al.，2010）则进一步提出如果降低研发成本是合资企业双方的主要联盟目标，失败概率更高，而古兹尼（Guzzini，2017）研发发现如果产品创新是合资企业双方的主要联盟目标，则失败概率更低，因为探索创新机会会降低合作关系出现故障的可能。

不同的研究视角下股权治理与非股权治理各有优势，对创业企业业绩都存在潜在的积极影响，非股权治理的优势在于组织柔性水平高，合作关系退出容易以及强制约束少等，上述优势在联盟关系成熟、信任程度高的情境下更加显著。股权治理最突出的优势在于更稳定以及可预测性更高（Harrigan，1988），一方面股权治理的权利义务界定更清晰具体，治理模式选择的核心影响因素交易成本较高尤其是技术和研发泄露风险较高时，股权治理更能够让联盟合作关系确定性更高，信任程度更高，机会主义行为更少；另一方面也能够更好地体现联盟网络构建的战略动因，包括资源融合有利于双方获利，资源互补所产生的协同持续时间很长，更容易创造出价值，同时联盟关系的行动一致性水平更高，应对外部环境变化的能力也更强，这对联盟合作绩效显然更为有利。

从中国实践来看，中国汽车行业是比较典型的采用股权联盟的形式与国外资本进行合资并建立战略合作的关系。赵炎等（2016）对外资进入与中国汽车工业发展进行了深入研究，结果确实也符合人们的惯常认知，即以合资为形式的股权治理对我国汽车行业联盟网络的发展产生了积极的促进作用。从 2000 年中国加入世贸至今，汽车行业战略联盟呈现出多元化发展的态势，也间接促成了以跨国集团和国内汽车企业合资的企业在汽车市场压倒性的胜利。中国汽车行业往往被视为通过联盟网络股权治理提示企业业绩最成功的例子，在此基础上我们首先分析创业企业是否采用联盟网络股权治理的绩效影响。

具体而言，在 115 家披露了联盟网络股权治理信息的创业板企业中，依据创业企业是否采用了包括合资公司、参股投资和股权交换等联盟网络股权治理方式，我们将 115 家企业划分为两组：联盟网络股权治理组（创业企业采用上述任意一种联盟网络股权治理方式）、无联盟网络股权治理组（创业企业没有采用上述任意一种联盟网络股权治理方式）。从统计分析结果来看，创业企业联盟网络股权治理与创业企业营业收入（相关系数为 0.054，$p = 0.05$）正相关，也就是基于创业企业是否采用了联盟网络股权治理方式进行的分组，在营业收入方面表现出了显著性差异，联盟网络股权治理组的营业收入（均值为 11.524）显著高于无联盟网络股权治理组（均值为 8.134）（见图 3 – 1）。

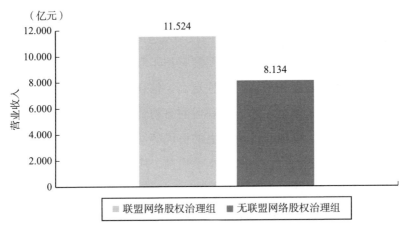

图 3 – 1　创业板企业联盟网络股权治理与企业营业收入差异

上述结果表明，创业板企业通过联盟网络股权治理在资源互补性、目标一致性与信任水平等方面与联盟伙伴实现了联盟协同并提升企业自身绩效，集中体现了联盟网络股权治理的业绩优势。

尽管不存在显著性差异，联盟网络股权治理组在净利润这一重要的绩效指标方面也均呈现出更好的结果，其中联盟网络股权治理组的净利润均值为 0.322，无联盟网络股权治理组的净利润均值为 0.107（见图 3 – 2），联盟网络股权治理组净利润指标优于无联盟网络股权治理组也佐证了本研究对联盟网络股权影响创业企业业绩的作用机制，即联盟网络构建的动因方面采用外向型资源获取并实现了资源互补与目标一致，在联盟合作过程中与其他企业进行合作形成相互依赖的关系实现了信任水平提升，因此可以看到股权治理作为创业企业联盟网络治理的重要方式之一，的确为创业企业带来了现实的竞争优势。

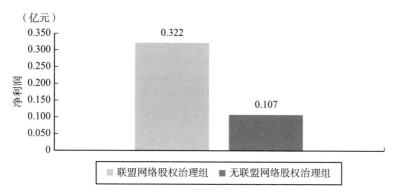

图 3 - 2 联盟网络股权治理与企业净利润差异

3.1.2 创业企业联盟网络股权治理水平及其对业绩的影响

之前的研究能够让我们看到股权治理对业绩的直接效应，这会让人产生一个很自然的疑问，在联盟网络的研究情境下，创业企业会与多家合作企业同时建立合作关系，那么网络治理方式是否多多益善，也就是联盟网络情境下股权治理比例是否越高越好，无论是股权治理还是联盟网络的已有研究都没有对其进行深入探讨，在回顾相关文献的基础上，从联盟网络整体的视角，计算创业企业的联盟组合中采用股权治理方式的比例，即采用了股权治理的联盟数量除以联盟组合中的联盟总体数量，从而得出联盟组合的股权治理比例，在对创业企业是否采用股权治理影响公司业绩的分析基础上，进一步分析股权治理比例的作用。

按照股权治理比例的测算方式，最终计算出的比例取值区间为 0 ~ 1，从最终数据来看，创业企业股权治理均值为 0.159，方差为 0.246。我们将样本划分为三组：高股权治理组（创业企业联盟网络股权治理水平高于65分位）、中股权治理组（创业企业联盟网络股权治理水平高于35分位且低于65分位）、低股权治理组（创业企业联盟网络股权治理水平低于35分位）。从统计分析结果来看，创业企业联盟网络股权治理与创业企业营业收入（相关系数为 -0.076，$p=0.000$）负相关，与管理费用率（相关系数为 -0.055，$p=0.000$）负相关，也就是基于创业企业联盟网络股权治理高低水平进行的分组，在营业收入与管理费用率两个指标方面表现出了显著性差异（见图3-3）。

在营业收入方面，高股权治理组的营业收入平均值0.021显著低于中股权治理组的0.131，也显著高于低股权治理组的0.450。营业收入是企业在销售商品或提供服务等主营业务活动中所获得的收入总额，是企业运营的生命线。营业收入的高低直接反映了企业的市场竞争力，也是评估企业经营能力的主要指标之一。上述结果表明，与净利润指标的滞后性不一样，营业收入是企业经营业绩最现实的反应，联盟网络中较少的股权投入意味着对创业企业的联盟战略而言，更看重现实的合作收益，而非重视股权投入所强调的未来长远利益，尽管这会提高合作对象对创业企业机会主义行为的警惕，在共享资源与信息的合作促进行为也会更谨慎，但同时也提高了合作对象对现实收益的重视，这会使创业企业的短期业绩较高。

在管理费用率方面，高股权治理组的管理费用率平均值0.125显著低于中多样性组的0.138，也显著低于低多样性组的0.185。管理费用率指的是管理费用与营业收入的比率。管理费用率 = 管理费用/主营业务收入 × 100%。管理费用率高，说明企业的利润被组织、管理性的费用消耗得太多，必须加强管理费用的控制才能提高盈利水平。上述结果表明，一方面，从联盟网络股权治理的现实收益来看，创业企业较少的股权投入对其联盟战略而言，的确带来了眼前的合作收益；另一方面，交易成本理论所强调的交易风险与机会主义行为使得采用非股权治理的企业不得不大幅度提高联盟管理过程管理所产生的组织与管理费用，由此使得企业管理费用率呈现较高的水平。

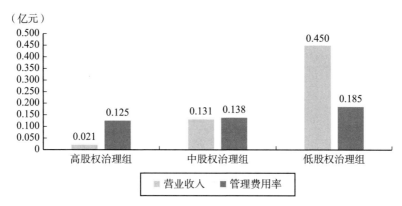

图 3 – 3 联盟网络股权治理水平与营业收入和管理费用率差异

3.2 联盟网络股权治理的创新影响

就股权治理的经济后果而言，已有研究主要集中于两个方面。一是创业企业合作绩效；二是创业企业创新绩效。通常认为联盟网络所形成的多项目组合有利于促进创业企业巩固自身知识能力进而实现创新，具体而言联盟网络研发合作通过合作双方知识共享和资源互补，由此可能产生意外创新产出。但这一过程必定伴随技术和研发泄露风险，因此股权治理能够通过保护创新资源以推动企业创新顺利实现。

就知识共享和资源互补而言，采用股权治理的创业企业，会与其合作伙伴共同向联盟投资特定的知识与资源并按投资比例享有实现利益分配（Jiang et al.，2010），在此过程中，创业企业要么会向合作对象派驻董事会成员，要么会在新实体中占有董事会席位，由此可以深度参与到联盟合作过程中的战略决策中。交易成本理论认为采用收益共享与风险共担的合作方式会使合作伙伴行动一致性水平更高，沟通和交流更顺畅，合作关系也更为密切，由此获取彼此的知识与资源成本的成本更低；就机会主义行为而言，采用股权治理会由于其形式上的股权交换或是新实体的建立，使得合作双方结构紧密，创业企业与合作者彼此间的交流更频繁、执行率更高，因此对联盟合作过程的控制力更强，信息不对称和机会主义风险就更低。

从区域来看，北京作为国家金融管理中心，也是我国创业投资和企业股权交易最活跃的地区之一，由此形成了区域性的联盟网络，结合两个方面的数据似乎可以就股权治理与企业创新的关系一窥端倪：一方面，2021年，北京地区企业间的股权投资超过 2400 起，金额超过 2900 亿元；另一方面，北京拥有国家级高新技术企业 2.76 万家，独角兽企业数量 113 家，每天新诞生高新技术企业 270 家。

3.2.1 联盟网络股权治理对企业创新的影响

我们首先关注是否存在实质性的问题，即创业企业联盟网络股权是否能够推动企业的创新活动？为了回答这一问题，同样按照联盟网络股权治理组（创业企业采用上述任意一种联盟网络股权治理方式）、无联盟网络股权治理组（创业企业没有采用上述任意一种联盟网络股权治理方式）的分组方式，我们着重考察了是否存在联盟网络股权治理的创业企业，在创新投入与创新绩效上的差异表现。研发支出、研发技术人数、研发技术占比是典型的创新投入指标，支出越多、人数越多，占比越高说明企业从事研发与创新活动的积极性越高，表明其在创新活动上具有活跃性。从最终的数据结果来看，股权治理与企业的创新投入确实呈现比较显著的相关性，联盟网络股权治理组的研发支出均值为 41128591.58，无联盟网络股权治理组的研发支出均值为 27941150.18（见图 3 - 4）；联盟网络股权治理组的研发技术人数均值为 272.23，无联盟网络股权治理组的研发技术人数均值为 202.16；联盟网络股权治理组的研发技术占比均值为 23.8%，无联盟网络股权治理组的研发技术占比均值为 17.0%（见图 3 - 5）。联盟网络股权组所有创新投入指标全面优于无联盟网络股权治理组，这一结果表明支持了威廉姆森（Williamson）的专用性投资观点，采用股权治理的创业企业为了支持特定交易进行的持久性投资，更多为特定的合作或供应关系投入的专用设备、工具、人力资本和生产能力等。专用性投资形成后会将合作双方锁定在特定的交易关系中，专用性投资移作他用所导致的贬值水平特别高，因此采用股权治理的创业企业更愿意进行创新投入，创新投入水平相应更高。

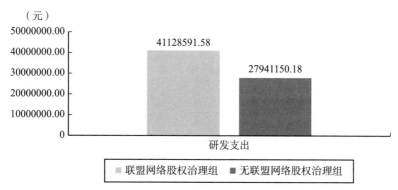

图 3 - 4 联盟网络股权治理与研发支出差异

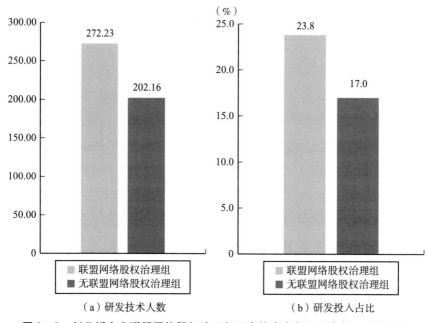

（a）研发技术人数　　　　　　（b）研发投入占比

图 3 - 5 创业板企业联盟网络股权治理与研发技术人数和研发投入占比差异

　　企业新获得的专利数量是衡量企业创新绩效最重要的指标，数量越多说明企业的创新能力越强，创新水平越高，即创新绩效越好。企业采用联盟网络股权治理一方面说明企业从事研发与创新活动的积极性越高，在创新活动上具有活跃性，这就使企业产出较高创新绩效具备了较好的基础；另一方面在具体的创新产出活动中股权治理更能够让联盟合作关系确定性更高，信任程度更高，机会主义行为更少，同时也更容易获取有效创新资源，这就使得创业企业所构建联盟网络产出创新绩效的概率大幅度增加。值得注意的是，以上两点对于创业企业尤为重要：一是在确定性环境与较少机会行为使得创业企业承担的风险更少，而创业企业的风险承担能力本来就比较弱；二是创新资源对明显具有资源约束的创业企业而言无疑能够起到雪中送炭的作用。从数据结果来看，联盟网络股权治理组在企业新获得的专利数量这一等创新绩效指标方面也的确呈现出更好的结果，其专利数量均值为 29.146，无联盟网络股权治理组新获得的专利数量均值为18.232（见图 3 - 6），联盟网络股权治理组创新绩效指标优于无联盟网络股权治理组在一定程度上佐证了本研究对联盟网络股权治理影响创业企业创新的作用机制。

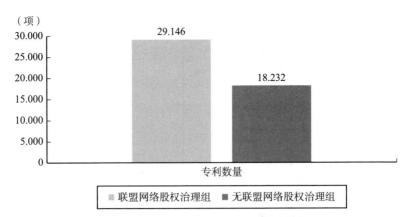

图 3 - 6　联盟网络股权治理与专利数量差异

3.2.2　联盟网络股权治理水平对企业创新的影响

如联盟网络股权治理的业绩效应一样，我们同样关注联盟网络股权治理水平对企业创新的影响，即联盟网络情境下是否股权治理比例企业创新水平就越高。以同样的方式计算联盟网络股权治理水平并进行分组，我们考察了联盟网络股权治理在创新投入与创新绩效上的差异表现。在创新投入方面，从统计分析结果来看，创业企业联盟网络股权治理与创业企业研发支出（相关系数为 0.152，$p = 0.000$）、研发技术人数（相关系数为 0.178，$p = 0.000$）以及研发技术占比（相关系数为 0.134，$p = 0.000$）均呈现正相关关系，也就是基于创业企业联盟网络股权治理高低水平进行的分组，在研发支出、研发技术人数与研发技术占比三个创新投入指标方面均表现出了显著性差异。

上述结果进一步支持了联盟网络股权治理在合作关系稳定以及可预测性方面的优势，创业企业通过联盟网络股权治理在战略层面表达了更明显的未来导向，同时以股权治理作为提升创新投入确定性水平、推动合作关系信任度并降低机会主义行为的主要策略，由此体现了联盟网络股权治理的创新投入优势。

在创新绩效方面，从统计分析结果来看，创业企业联盟网络股权治理水平与创业企业专利数量（相关系数为 0.429，$p = 0.000$）正相关，也就是基于创业企业联盟网络股权治理高低水平进行的分组，在专利数量这一重要的创新绩效指标方面表现出了显著性差异。但是当我们进一步观察具体的分组数据时发现，在创业板企业样本中，高股权治理组新获得的专利数量平均值为 13.000，高于低股权治理组的 11.740，但是低于中股权治理组的 16.923（见图 3 - 7），直观的数据表明中股权治理组获得的专利数量平均值最高，数据呈现出比较典型的倒 U 型特征。

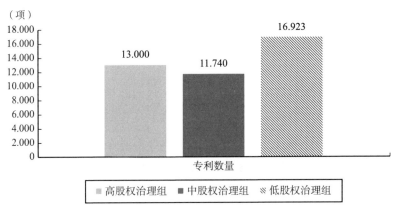

图 3 - 7　联盟网络股权治理水平与专利数量差异

　　联盟网络股权治理水平与创业企业创新绩效的倒 U 型关系值得我们进一步思考。一方面创业企业联盟网络股权治理水平的确能够对创业企业专利数量产生显著影响，在一定程度上进一步证明了股权治理推动企业创新的底层逻辑，结合创新投入的结果也表明投入越多产出越多是顺理成章的结果；另一方面当企业在自身所构建的创业网络中过度甚至全部采用股权治理，则可能失去了网络治理的灵活性，甚至失去了构建联盟网络的意义，这是由于创新成果的产出不是单点突破，需要企业在研发与生产甚至商业模式等多个方面齐头并进没有短板。创业企业构建联盟网络是为了从企业边界之外获取自身所不具备的资源与知识，而上述创新过程不同业务领域的共同发展所需要的资源与知识是差异化的，自然应当采用适应性的治理模式以更有利于企业自身提升联盟合作效率，如显性知识学习成本低、学习周期短，更适用于采用合作契约等柔性水平高、合作关系退出容易以及强制约束少的非股权治理模式。

　　上述数据结果表明，联盟网络股权治理的确能够有效地驱动企业创新，但对于构建联盟网络的创业企业而言，采用股权治理模式的水平并不是越高越好。联盟网络股权治理水平较低和较高的企业整体创新绩效表现均不如水平适度的企业，这对创业企业的网络治理实践提供了重要参考，当企业着眼于创新突破时，单一的股权治理也存在一定的局限性，对于创业企业而言，其股权架构与股权设计显得更加重要，同时往往又存在更明显的资源约束，因此单一股权治理局限对于创业企业而言可能更为突出，因此创业企业应当强调采用适应性的联盟网络治理模式，融合包括联盟网络学习、联盟知识吸收、联盟过程管理等非股权治理可能更有利于创新绩效提升，而这也正是第 4 章试图探索的核心问题。

第4章 联盟网络非股权治理及其绩效作用

对于联盟网络的有效治理，除了股权治理外，非股权治理所产生的作用也同等重要，主要通过对联盟管理能力的塑造实现对股权治理策略的补充。由于联盟网络主要被视为获得企业边界外所需资源的可能替代方案（Das & Teng，2000），参考艾森哈特和马丁（Eisenhardt & Martin，2000）对动态能力的定义，我们认为联盟管理能力是独特的动态能力，可以被认为是一种以有效引入联盟伙伴资源的方式，有目的地创建、扩展或修改企业资源基础的动态能力。因此本书也依据动态能力框架中的概念构建联盟管理能力的构念维度。动态能力是基于组织规范的集合，需要被理解为多维结构（Winter，2003），通过代表其维度的一组特定例行程序来反映。组织规范是指企业行为过程中基于规则的行为模式（Nelson & Winter，1982）。基于此，本章着重挖掘以联盟网络学习、联盟知识吸收、联盟过程管理为主要内容的非股权治理对创业企业绩效的影响，以解释创业企业情境下联盟网络非股权治理的绩效作用。

4.1 联盟网络学习对创业企业绩效的影响

联盟网络学习的潜力，即跨组织边界的知识转移（Dyer & Nobeoka，2000），被认为是联盟网络的关键优势之一（Goerzen & Beamish，2005）。同时，有效地从联盟伙伴那里学习与传递知识的能力对于成功起着至关重要的作用（Mowery et al.，1996；Teece，2007）。企业在联盟网络学习的行动规范方面差异巨大（Martin & Salomon，2003）。当企业通过联盟网络相互交互时，有些企业可能比其他公司学得更多，即可能产生差异化的学习效果。在已有研究中，比较早期的研究是斯廷斯马（Steensma，1996）分析了联盟中学习效应，结果表明企业的跨组织学习能力对于通过联盟获得有效资源的水平具有积极影响。因此，联盟网络学习可以被视为非股权治理中联盟管理能力的一个重要维度。

后续学者开始持续从学习能力的视角来考察联盟网络管理能力。联盟组合是联盟网络最重要的表现形式之一，尤里奇·沃斯曼（Ulrich Wassmer）是全球著名的联盟组合专家，他也对联盟网络学习给予了充分的关注并提出核心企业的联盟学习有助于提升其联盟组合管理能力。随着研究的进一步深入，学者们逐渐对联盟网络学习的维度进行了更深入的探索，瓦苏德瓦和阿南德（Vasudeva & Anand，2011）从吸收能力的角度考察了联盟组合的学习能力，认为联盟组合的关系强度等特征会影响核心企业的吸收能力，进而影响知识转移和联盟学习，因此，要想提升联盟组合的学习能力，就应当着力提升核心企业的吸收能力；雅玛卡瓦等（Yamakawa et al.，2011）认为，联盟组合背景下的联盟学习可分为探索性学习和利用性学习，前者侧重于发现新的知识资源，后者则侧重于利用既有的知识资源。

值得注意的是，已有研究对于具有不同联盟网络学习方式对于创业企业经济后果的作用为何关注较少，使得我们对其尚缺乏系统性认知，而这对企业联盟网络治理理论与实践都具有比较显著的现实意义。创业企业的能够采取的学习方式主要包括培训课程、现场指导、提供技术专利、提供人才支持以及其他。创业板上市企业联盟网络数据库中，根据 223 家披露了联盟网络学习方式的创业板企业分析发现，196 家企业通过培训课程的方式向其联盟伙伴学习，占 87.9%；85 家企业通过现场指导的方式向其联盟伙伴学习，占 38.1%；45 家企业通过提供技术专利的方式向其联盟伙伴学习，占 20.2%；32 家企业通过提供人才的方式向其联盟伙伴学习，占 14.3%，另外还有 129 家企业表示通过其他方式向其联盟伙伴学习，占 57.8%。由此可以看出，企业采取的联盟网络学习方式异质性水平相对较高，这也符合联盟网络学习方式作为组织例行程序，其规则的行为模式差异是比较大的。而选定不同学习方式的创业企业，是否会对其自身产生实质性的经济后果，尤其值得关注。

4.1.1 创业企业联盟网络学习情况的绩效影响

联盟网络学习是当今管理学界关注的重点课题，也是网络环境下组织提高经营绩效与创新能力的重要途径。联盟网络学习是创业企业竞争成功的关键，已经逐步成为不同研究领域学者的共识，但对于创业企业而言，联盟网络学习如何影响其创业绩效，更重要的是，创业企业会通过何种学习方式向其联盟伙伴学习，不同的学习方式本身是否存在显著的绩效差异，上述问题还未得到有效的探索，因此本节将着重分析由中国创业板企业联盟网络中，创业企业的联盟网络学习方式所产生的绩效影响。

1. 创业企业联盟网络学习及其对业绩的影响

联盟网络学习一定会为创业企业带来更好的绩效表现吗？支持联盟网络学习积极效应的观点是主流。支持的观点主要出于资源与能力逻辑：按照基于资源的理论观点，资源包括所有的"资产、能力、组织过程、企业特性、信息、知识等这些资源由企业所掌控，并使企业形成有效的战略优势与良好的绩效结果的要素"。联盟网络学习是当今企业在市场上寻求持续竞争优势的源泉，更进一步，以动态能力文献为基础，组织规范使企业能够持续提高其产品市场活动的有效性（Töytäri，2015）。企业构建以联盟网络学习为代表的组织规范，并使其融入企业的学习行为中，由此实现竞争优势（Teece，1998）。

但也有少数学者提出了联盟网络学习可能存在的负面效应（Dark side），

比较有趣的是同样是基于动态能力的组织规范，组织规范的研究可以分为静态和动态两个方面，静态研究关注于组织规范的内在结构、特征等，而动态研究则主要关注于组织规范的变革性、稳定性、创新、变异和选择机制。李等（Li et al., 2012）认为学习是影响组织规范产生的重要因素，其中开发性学习会引起个体层面的行为模式和认知改变，但是过分强调开发性学习有可能会激发组织规范的惰性因子，会阻碍组织规范的更新，由此对组织绩效产生负向消极影响；孙永磊等（2014）以我国企业合作创新联盟网络的具体实践进行问卷调查和实证检验也提出开发性学习的负效应。由此可以看到，哪怕是在理论探讨的范畴，联盟网络学习对新创企业业绩的影响究竟积极正向的还是消极负向的，并未形成一致性观点。

从实践来看，许多公司利用联盟网络学习来发展他们的产品并创造更多收入，华特迪士尼公司是其中的典型成功案例，许多人都因为迪士尼公主电影和主题公园而认识他们。然而，迪士尼通过其联盟网络学习继续发明新的娱乐形式，于 2012 年就与奈飞公司（Netflix）达成了多年联盟合作关系并向其学习布局流媒体战略，2016 年起迪士尼旗下出品的电影都将在院线期后上线奈飞公司，其自身则在 2015 年就在英国推出了其首个流媒体服务，为满足消费者不断变化的需求，在 2019 年，他们发布了我们今天所知道的更好的 Disney + 版本。我们可以将这视为通过联盟网络学习转向新产品市场的一个例子，但并不意味着一定需要如此大规模的变革，每天学习和实施小的进步同样值得重视。为此我们首先分析创业企业是否采用联盟网络学习的绩效影响。

具体而言，在 223 家披露了联盟网络学习信息的创业板企业中，依据创业企业是否采用了包括培训课程、现场指导、提供技术专利、提供人才支持以及其他联盟网络学习方式，我们将 223 家企业划分为两组：联盟网络学习组（创业企业采用上述任意一种联盟网络学习方式）、无联盟网络学习组（创业企业没有采用上述任意一种联盟网络学习方式）。从统计分析结果来看，创业企业联盟网络学习与创业企业基本每股收益（相关系数为 0.097，$p = 0.000$）正相关，也就是基于创业企业是否采用了联盟网络学习方式进行的分组，在基本每股收益方面表现出了显著性差异，联盟网络学习组的基本每股收益（均值为 0.401）显著高于无联盟网络学习组（均值为 0.258），如图 4 - 1 所示。

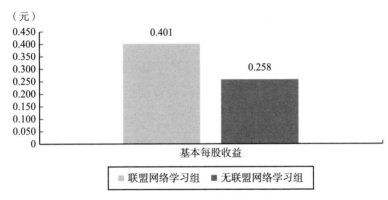

图 4 - 1 联盟网络学习与基本每股收益差异

这一结果表明，创业企业通过联盟网络学习在如何提高生产率、改进现有生产技术以及组合常规经验方面向联盟伙伴展开学习活动，通过探索与组织现有能力与资源相关的知识改进并提升企业自身绩效，集中体现了联盟网络学习的资源优势。

尽管不存在显著性差异，联盟网络学习组在营业收入、净利润、净资产收益率、总资产等其余绩效指标方面也均呈现出更好的结果，其中，联盟网络学习组的营业收入均值为 12.087，无联盟网络学习组的营业收入均值为 10.988，联盟网络学习组的净利润均值为 1.378，无联盟网络学习组的净利润均值为 1.045，联盟网络学习组的净资产收益率均值为 0.092，无联盟网络学习组的净资产收益率均值为 0.071，联盟网络学习组的总资产均值为 26.367，无联盟网络学习组的总资产均值为 24.044，如图 4 - 2 所示，联盟网络学习组所有绩效指标全面优于无联盟网络学习组也佐证了本研究对联盟网络学习影响创业企业业绩的作用机制，在当今日益激烈的市场竞争环境中，单个企业仅仅依靠自身的内部资源往往感到力不从心，当该企业自身资源无法满足其成长需求时，就会向组织外部寻找资源，从而与其他企业进行合作形成相互依赖的关系，作为非股权治理的重要方式之一，联盟网络学习通过外部资源与知识引入的为创业企业带来了竞争优势，反之，若不能建立学习网络，企业就可能会陷于不利的竞争态势。

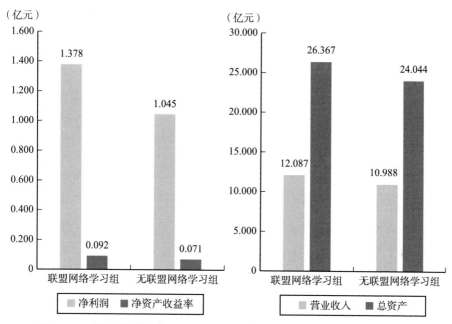

图 4-2　联盟网络学习与净利润、净资产收益率、营业收入、总资产差异

2. 创业企业联盟网络学习多样性及其对业绩的影响

在创业企业利用联盟网络进行学习的动态过程中，联盟网络学习为创业企业获取组织边界以外的资源与知识提供了所需的更多元的渠道，企业能够在资源与知识有效学习的基础上寻找提高企业业绩的有效途径。但是，国内大部分学者忽视了联盟网络学习方式本身的重要性。

就学习方式的类型化研究而言，得到最广泛认可的分类方式是基于学习方式与绩效将其分为开拓性学习与开发性学习（Atuahene - Gima，2003）。开拓性学习以企业家的眼光创新性地挑战现存的思想，而开发性学习主要关注精练和扩展现有的技术与能力的知识，主要包括搜集能使团队学到新事物的市场信息，搜集企业目前暂时不需要的解决市场问题的新知识与方法，搜集未确认的市场需求的相关信息，搜集包含试验及高风险的市场信息，搜集使企业超越当前经验的市场信息。开发性学习的中心是关注如何通过充分利用和整合组织现有的资源的信息，使企业强化生存能力，击败竞争对手，从而获得稳固的市场地位。开拓性学习主要关注企业现有经验之外的知识与信息，目的是发现全新的异质信息，主要包括着力于企业现有的市场与产品的思想与方法，对普遍接受的方法与技术非常感兴趣，强调建立在企业现有经验基础上的方法去解决企业面临的市场及技术问题，特别重视企业当前市场及领域的市场信息的搜寻，进行开发企业当前经验的信息搜寻活动等。

然而，在针对不同的联盟对象，在不同联盟网络维度嵌入下，创业企业具体会采用怎样差异化的学习方式？不同的学习方式对企业业绩的影响存在哪些差异？不同学习方式的多样性组合是否具有实质性的意义？现有文献对以上问题未进行深入探讨。在回顾相关文献的基础上，本书将联盟网络学习方式划分为培训课程、现场指导、提供技术专利、提供人才支持以及其他等多种方式，在对创业企业是否采用联盟网络学习影响公司业绩的分析基础上，进一步分析学习方式多样性这一要素的作用。

具体到学习方式多样性的测算方式而言，创业板上市公司对创业企业的联盟网络学习方式通过《联盟公告》的方式进行了披露，据此可以将联盟网络学习方式分为培训课程、现场指导、提供技术专利、提供人才支持以及其他总计五种方式，例如培训课程是联盟伙伴向创业企业提供培训课程，现场指导是联盟伙伴对创业企业进行现场的技术与管理方式的指导支持等，在此基础上通过 Blau 指数进行联盟网络学习多样性水平的测算，计算公式为

$$D = 1 - \sum P_i^2 \qquad (4-1)$$

其中，D 为最终测算出的学习方式多样性水平，取值区间为 $0 \sim 1$；P 是某种

学习方式在全部学习方式中的比例，i 是学习方式类别。

根据最终的学习方式多样性水平计算结果，在 223 家披露了联盟网络学习信息的创业板企业中，依据创业企业是否采用了包括培训课程、现场指导、提供技术专利、提供人才支持以及其他联盟网络学习方式，我们将其划分为三组：高多样性组（创业企业联盟网络学习方式多样性水平高于 65 分位）、中多样性组（创业企业联盟网络学习方式多样性水平高于 35 分位且低于 65 分位）、低多样性组（创业企业联盟网络学习方式多样性水平低于 35 分位）。从统计分析结果来看，创业企业联盟网络学习多样性与创业企业营业收入（相关系数为 0.088，$p = 0.000$）与净利润（相关系数为 0.088，$p = 0.000$）正相关，也就是基于创业企业联盟网络学习方式多样性高低水平进行的分组，在营业收入与净利润两个重要收益类指标方面表现出了显著性差异。

在营业收入方面，高多样性组的营业收入平均值 14.672 显著高于中多样性组的 10.432，也显著高于低多样性组的 10.274，如图 4 - 3 所示。营业收入是公司在某段时间内以货币计价的公司收入。营业收入的高低反映了企业的主要经营成果，是企业取得利润的重要保障。上述结果表明，一方面，学习方式多样性水平高的创业企业意味着采用多种学习方式，因学习方式的累积效应，而产生了学习效果的增加，可能能够对经营业绩产生促进作用；另一方面，学习方式多样性水平高意味着创业企业的组织规范更灵活，能够采用差异化的学习方式应对具体问题，这一组织规范特征有助于提高企业在关键问题上的学习效率，以实现营业收入的提升。

在净利润方面，高多样性组的净利润平均值 1.609 显著高于中多样性组的 1.200，也显著高于低多样性组的 1.201，如图 4 - 4 所示。净利润是企业在扣除各种费用和税后所剩下的利润，是企业实现利润最终得出的数字。净利润的高低反映了企业管理和运营的水平，也是投资者关注的重要指标之一。上述结果表明，一方面，从联盟网络学习的资源逻辑来看，创业企业往往更需要靠分散的联盟伙伴形成多样化的联盟网络，比较典型的例子是采用平台模式的创业企业，平台的开放性赋予创业企业引入多种类型的联盟伙伴，更高水平的联盟网络学习多样性则意味着更分散的联盟网络结构，由此引入更具有差异化的资源与知识，由此能够形成较好的业绩结果，最终表现为净利润上显著差异。另一方面，更高水平的联盟网络学习多样性的创业企业，往往具有规模较大的联盟网络结构，规模越大意味着企业往往拥有更高水平的外部资源和更广泛的社会网络，因此也有更容易取得更好的利润业绩。上述分析标志着利用互联网与信息技术开放联盟网络，引入多类型的联盟伙伴，形成多样化联盟网络学习方式是企业发展的方向。

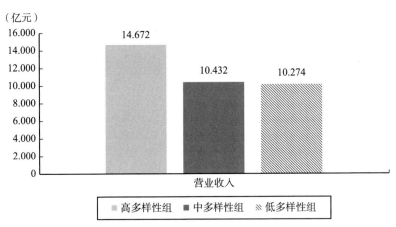

图4-3 联盟网络学习多样性与营业收入差异

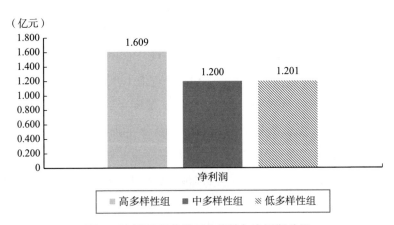

图4-4 联盟网络学习多样性与净利润差异

4.1.2 联盟网络学习对创业企业创新的影响

从已有文献可知，创业企业通过联盟网络学习最主要的收益来自差异化的资源与知识，而这显然是对企业创新不可或缺的重要因素，因此可以合理推测联盟网络学习与企业创新之间存在的内在逻辑联系。这一部分将着重分析联盟网络学习对技术、产品或服务创新的影响。

创新过程中的联盟网络学习就是寻找、捕捉隐藏在不同活动中的知识和资源，并将其转变为可以使用的知识，从而在创业企业内部进行扩散；通过联盟网络学习促使知识的拥有者在具体的创新活动中进行正确的决策。联盟网络学习过程中的企业创新充分发挥了合作的优势，技术创新网络中的合作战略鼓励通过合作建立知识共享的环境，这为企业创新提供了前提和基础；通过联盟网络学习，将联盟网络多主体的创新能力集成起来，在合作中促使网络知识在质和量上实现突破。组织间的创新是多主体之间一系列复杂的、综合的因素相互联系和作用的结果，因此其价值体系是综合的、动态的，展现了成功创新所需要的各种内在联系。进行联盟网络学习可以通过系统地利用信息、处理流程和专家技能不断提高企业的创新能力、快速响应能力、提升企业效率和员工的技能素质。

看似联盟网络学习对企业创新的影响是简单直接的，但值得注意的是，福斯特（Foster）早在 1986 年就提出了产品创新的 S 型学习曲线，也被称为产品创新学习曲线（product-innovation learning curve）。沿着这一曲线移动，表示在特别的技术下进行增量的产品创新，此效益的增加是会递减的，而要达成更高水平的创新则必须移至另一曲线，由此产生不连续的创新。麦基（McKee，1999）在福斯特的创新学习曲线基础上进一步指出不同的学习方式会导致不同的创新形态，如单循环学习只会导致渐进式的创新，而双循环学习才可能产生突破式创新，因此深入考察联盟网络学习的创新效应对于全面理解联盟网络非股权治理以及企业创新都具有重要意义。

1. 创业企业联盟网络学习对企业创新的影响

我们首先关注有无的问题，即创业企业联盟网络学习是否能够激发企业的创新活动？为了回答这一问题，同样按照联盟网络学习组与无联盟网络学习组对样本进行分组，我们着重考察了是否存在联盟网络学习的创业企业，在创新投入与创新绩效上的差异表现。研发人员数量、研发人员数量占比、研发投入金额、研发投入占营业收入比重是典型的创新投入，数量越多，占比越高说明企业从事研发与创新活动的积极性越高，表明其在创新活动上具有活跃性。因为创业企业的研发与创新活动可以是内向的，即主要依靠自身的内部投入，因此其创新投入与是否采用联盟网络学习并没有必然联系，最终的数据结果也没有相关性。

企业新获得的专利数量、发明专利数量、实用新型专利数量、外观设计专利数量、企业新获得的著作权数量等是典型的创新绩效，数量越多说明企业的创新能力越强，创新水平越高。如前文所述企业采用联盟网络学习将有助于通过合作建立知识共享的环境为企业创新提供更好的前提和基础，从数据结果来看，尽管不存在显著性差异，联盟网络学习组在企业新获得的专利数量、发明专利数量、实用新型专利数量、外观设计专利数量、企业新获得的著作权数量等创新绩效指标方面也均呈现出更好的结果，其中联盟网络学习组在企业新获得的专利数量均值为29.146，无联盟网络学习组在企业新获得的专利数量均值为19.000，联盟网络学习组的发明专利数量均值为7.421，无联盟网络学习组的发明专利数量均值为4.464，联盟网络学习组的实用新型专利数量均值为16.136，无联盟网络学习组的实用新型专利数量均值为10.222，如图4-5所示。联盟网络学习组的外观设计专利数量均值为4.016，无联盟网络学习组的外观设计专利数量均值为0.600，联盟网络学习组的企业新获得的著作权数量均值为19.220，无联盟网络学习组的企业新获得的著作权数量均值为6.115，如图4-6所示。联盟网络学习组所有创新绩效指标全面优于无联盟网络学习组也在一定程度上佐证了本研究对联盟网络学习影响创业企业创新的作用机制。

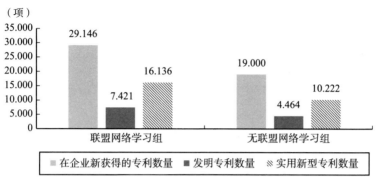

图 4 - 5 联盟网络学习与在企业新获得的专利数量、

发明专利数量、实用新型专利数量差异

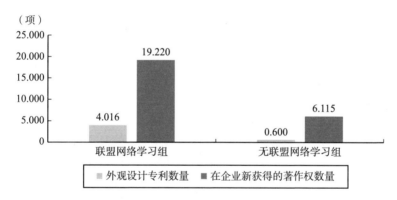

图 4 - 6 联盟网络学习与外观设计专利数量和在企业新获得的著作权数量差异

2. 创业企业联盟网络学习多样性对企业创新的影响

在考虑联盟网络学习的创新效应过程中，创业企业差异化的学习方式同样值得关注，因此我们进一步考察联盟网络学习多样性对企业创新的影响。以同样的方式计算联盟网络学习多样性并进行分组，我们考察了联盟网络学习多样性在创新投入与创新绩效上的差异表现。在创新投入方面，与是否存在联盟网络学习的结果相似，联盟网络学习多样性与研发人员数量、研发人员数量占比、研发投入金额、研发投入占营业收入比重等指标均未表现出显著的相关性。

在创新绩效方面，从统计分析结果来看，创业企业联盟网络学习多样性与创业企业新获得的专利数量（相关系数为0.070，$p=0.05$）与发明专利数量（相关系数为0.069，$p=0.05$）正相关，也就是基于创业企业联盟网络学习方式多样性高低水平进行的分组，在专利数量与发明专利数量两个重要的创新绩效指标方面表现出了显著性差异。

具体来看，在创业板企业样本中，高多样性组新获得的专利数量平均值最高为36.963，其次为中多样性组的24.522，均高于低多样性组的22.541（见图4-7），直观的数据表明高多样性组新获得的专利数量平均值最高。进一步地，高多样性组新获得的发明专利数量平均值最高为9.109，其次为中多样性组的6.125，均高于低多样性组的6.123（见图4-8），直观的数据表明高多样性组新获得的发明专利数量平均值最高。

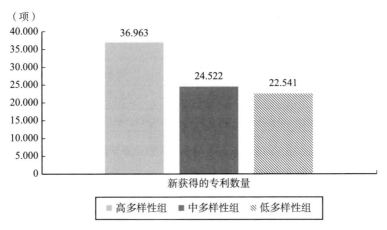

图4-7 联盟网络学习多样性水平与新获得的专利数量差异

就联盟网络学习多样性与企业创新绩效的数据结果来看，多样性水平越高则企业创新绩效越好，这也比较符合福斯特（1986）提出的创新学习曲线理论视角的预测，一方面专利的获得往往涉及企业在产品定义、生产流程、制作工艺等不同方面的创新突破，这些不同领域的创新所需要的资源与知识是差异化的，如果试图通过联盟网络学习的方式获取，自然也应该采用适应性的学习方式；另一方面，在当前的技术环境中，上述创新环节往往是密切关联的，很难通过单一的资源或知识积累达成特定领域的创新突破，在多样化的专业领域中建立联盟网络关系，更有利于经由跨界供应商的引入激发创新活动，也更有利于企业产品或服务创新活动的开展。上述效应涉及发明专利则凸显出更重要的意义，发明专利是指前所未有、独创、新颖和实用的专利技术或方法，它在实用新型专利、发明专利及外观专利三种专利类型中的技术含量及价值是最高的，因此发明专利的保护期是最长的（保 20 年），从创新类型来看与突破性创新更接近，这一数据结果也与麦基（1999）的观点一致，如果创业企业只采用单一的学习方式可能只能产生渐进式创新，而采用多元化的学习方式更容易取得突破性创新。

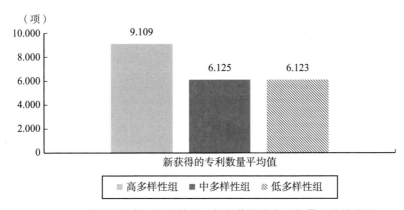

图 4-8　联盟网络学习多样性水平与新获得的专利数量平均值差异

上述数据结果表明，联盟网络学习带来了企业创新的驱动作用。有别于对创新投入的驱动，联盟网络学习引发了企业在创新绩效方面的提升。尽管并没有直接证据证明，企业创新绩效的提升来自联盟网络学习驱动创新活动而带来的创新结果，尤其是有无联盟网络学习对创新绩效的影响并不显著，但联盟网络学习多样性的数据结果表明学习多样性水平越高的企业整体表现优于学习多样性水平较低的企业，尤其是上述关系在体现突破式创新的发明专利中更加明显，这一结论可以认为对于联盟网络学习有利于促进企业创新提供了实证证据。

4.2 联盟网络知识吸收管理策略
对创业企业绩效的影响

如果说联盟网络学习为创业企业对外知识获取提供了机会，知识吸收则是将潜在机会转化为现实收益又一重要的非股权治理机制。从创业企业视角来看，知识尤其是需要跨组织学习的隐性知识往往具有默会性和复杂性，企业即便通过联盟网络获取了所需的外部知识，但对外部知识的吸收利用往往并不容易，只有对获取的外部知识进行内部转化，产生新知识并应用到商业活动才能真正实现联盟网络学习的绩效收益。作为一种重要的联盟治理能力，有效的知识吸收在联盟网络对创业企业绩效的影响过程具有重要作用已经逐步成为共识。

因此，后续学者的研究重点主要放在如何促进创业企业在联盟网络中的知识吸收有效性方面。在这方面，格兰多里（Grandori）2001年最早提出知识治理的概念，将其定义为企业内外的知识转移、共享与交换，对上述知识活动过程进行的治理被称为知识治理，后来有学者进一步将其拓展为正式治理（包括组织结构、赏罚机制等）与非正式治理（包括组织文化、管理方式等），并提出正式治理更容易包括创业企业吸收来自联盟网络的显性知识和经验，非正式治理更容易帮助创业企业识别隐性知识和潜在信息。奥利弗等（Oliver et al.，2010）则明确提出了在知识治理过程中"结构"的重要性，温特（Winter，2003）认为包括知识治理在内的能力不仅需要频繁的实践才能更具经济性，而且通常需要大量从事专门职务的专业人员全职致力于此。这与克罗森等（Crossan et al.，1999）的所提的机构化的观点类似，即确保建立有效的组织例行程序的过程需要由专门的组织结构进行保障与推动，这些结构有助于确保发现并持续执行产生有利结果。

就已有研究来看，人们对于如何进行联盟网络知识吸收的具体实践的认识还明显不足，采用某种具体的知识吸收的管理策略有效性如何更是知之甚少，使得我们对联盟网络知识吸收尚缺乏系统性认知。海默里克斯和杜伊斯特（Heimeriks & Duysters，2007）对此作出了初始性的研究，提出了四类吸收机制，包括：职能（如部门设置与管理者设置）；工具（如协议、业务规划、实践总结）；控制和管理流程（如指标）；外部参与方（如使用外部顾问）。本书在此基础上根据创业板企业信息披露提炼出的知识吸收方式主要包括成立合资公司、成立管理部门、成立管理小组、设立相应的人员、其他。创业板上市企业联盟网络数据库中，根据 243 家披露了联盟网络知识吸收管理策略的创业板企业分析发现，22 家企业通过成立合资公司的方式吸收联盟合作伙伴的新知识，占 9%；187 家企业通过成立管理部门的方式吸收联盟合作伙伴的新知识，占 76.9%；215 家企业通过成立管理小组的方式吸收联盟合作伙伴的新知识，占 88.4%；220 家企业通过设立相应的人员的方式吸收联盟合作伙伴的新知识，占 90.5%；另外还有 36 家企业提出通过其他方式吸收联盟合作伙伴的新知识，占 14.8%。由此可以看出，企业实际采用的联盟网络知识吸收管理策略异质性水平相对较高，这也符合联盟网络知识吸收管理策略作为组织例行程序，其规则的行为模式差异同样是比较大的。因此本书接下来重点分析选定不同管理策略的创业企业，是否会对其自身业绩产生影响。

4.2.1　创业企业联盟网络知识吸收管理策略的绩效影响

在联盟网络互动的过程中，若想将组织边界以外的知识内化为自身的知识，并将其与内部知识整合为新知识，需要具备的较强的知识吸收能力。尽管人们已经认识到联盟网络知识吸收是联盟网络非股权治理的重要组成部分,但对于如何有效管理知识吸收还缺乏足够的认知,如对于创业企业而言,联盟网络知识吸收是否会影响其创业绩效,更重要的是,不同的知识吸收管理策略是否存在显著的绩效差异,创业企业应当如何采用适应性的知识吸收管理策略,对上述问题的探索具有一定的理论意义,对企业的知识治理实践也能够提供借鉴与参考,因此在这一部分,我们将着重分析由中国创业板企业联盟网络中,创业企业的联盟网络知识吸收管理策略所产生的绩效影响。

1. 创业企业联盟网络知识吸收及其对业绩的影响

主流观点大多支持联盟网络知识吸收对企业业绩的正向促进作用,这是由于在联盟网络的合作过程中,知识的传递和交换不是一帆风顺而是充满了不确定性,知识本身就很复杂,这一属性自然使企业对知识理解和吸收变得不是一件很容易完成的任务,联盟网络中企业之间的知识获取和转移都很困难。已有研究更多将知识吸收视为企业的一种内部能力,这一能力表征了企业对知识的系列治理水平,包括对知识的识别和获取,对知识的有效理解,对复杂知识的简化能力以及对隐性知识的显化能力。企业的知识吸收能力越强,其最直接的经济后果就是促进企业的知识存量的厚度增加,这显然有助于企业业绩提升。

也有少数学者提出了联盟网络知识吸收可能存在的负面影响,部分学者关注到从创业企业发展生命周期视角来看,知识吸收能力可能不会一直发挥积极作用,主要观点是企业之间通过合作进行知识吸收时,如果合作对象与合作方式形成了路径锁定效应,增厚的知识存量无法为创业企业带来更新的增长潜力,则知识吸收能力对企业业绩的正向影响就会大大削弱,甚至产生消极的影响。例如,李柏洲等(2021)研究发现,以中小企业为样本,拥有较强知识吸收能力的中小企业,其核心技术、生产条件、企业管理规范甚至企业核心价值观等诸多方面都与其紧密合作的大企业相似,在促进知识扩散的同时,也会将企业局限在特定的知识体系框架内,由此形成的企业成长路径依赖对企业业绩产生了消极负向影响。由此可以看到,即便是在理论研究领域，看似具有积极效应的知识吸收能力对企业业绩的影响仍然存疑，并未形成一致性观点。尤其值得注意的是，根据上述讨论，这一矛盾悖论在创业企业中可能更加明显。

我国的永光集团是一家主要从事专业电池代工生产、专业电池机械设备研发制造、专业电池零配件生产等业务的区域性龙头企业，地处粤北山区交通不便，很难吸引高级人才，使集团公司知识存量和知识吸收能力低。在与广州电池厂建立联盟关系后，尝试引入广州电池厂先进技术和管理经验，具体实践中一方面利用人员知识吸收的"干中学"，通过知识转移和知识吸收双方之间员工的互动，推动嵌入在人员、惯例或任务之中隐性知识的吸收，例如，永光集团专门成立了"问题解决团队"，着重解决外部技术知识吸收过程中如何吸收、吸收过程要关注的核心问题，对某一具体技术问题无法解决时，问题解决团队包括管理人员、技术人员、生产人员会快速组建问题解决小组，管理人员保证资源包括人力物力的投入，技术人员保证技术攻关，生产人员保证生产工艺，多方沟通提高改进的可行性；另一方面则采用"用中学"机制将从广州电池厂吸收来的外部技术知识应用到上游零部件的生产上，提高生产质量和效率，并降低成本。

具体而言，在243家披露了联盟网络知识吸收管理策略的创业板企业中，依据创业企业是否采用了包括成立合资公司、成立管理部门、成立管理小组、设立相应的人员以及其他联盟网络知识吸收管理策略，我们将243家企业划分为两组：联盟网络知识吸收组（创业企业采用上述任意一种联盟网络知识吸收管理策略）、无联盟网络知识吸收组（创业企业没有采用上述任意一种联盟网络知识吸收管理策略）。从统计分析结果来看，创业企业联盟网络吸收管理策略与创业企业营业收入（相关系数为 0.104，$p = 0.000$）、净资产收益率（相关系数为 0.062，$p = 0.05$）、总资产（相关系数为 0.172，$p = 0.000$）正相关，也就是基于创业企业是否采用了联盟网络知识吸收管理策略进行的分组，在营业收入、净资产收益率与总资产方面表现出了显著性差异，联盟网络知识吸收组的营业收入（均值为 12.331）显著高于无联盟网络知识吸收组（均值为8.157），联盟网络知识吸收组的净资产收益率（均值为0.084）显著高于无联盟网络知识吸收组（均值为0.071），联盟网络知识吸收组的总资产（均值为27.659）显著高于无联盟网络知识吸收组（均值为17.863），如图4-9所示。

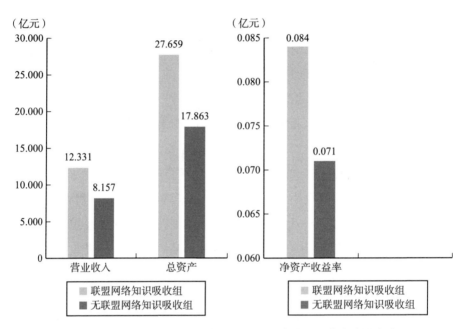

图4-9 联盟网络知识吸收与营业收入、总资产、净资产收益率差异

从上述结果来看，创业企业通过联盟网络知识吸收有效地实现了外部知识的内部转化，也符合阿维拉等（Ávila et al.，2022）所提出的由于有效的知识吸收管理策略提升了企业自身的知识吸收能力，能够更有效利用获取知识资源适应动荡的外部环境，由此实现企业绩效提升，具体表现在两类收益性指标包括营业收入和净资产收益率。另外值得注意的是，数据结果显示出联盟网络知识吸收管理策略与企业总资产具有显著的正相关关系，而总资产是反映企业的经营规模的重要指标，可能在一定程度上说明知识吸收是需要付出成本的，而经营规模更大的企业更有能力和意愿进行有效的知识吸收管理策略。

尽管不存在显著性差异，联盟网络学习组在净利润、基本每股收益等其余收益类指标方面也均呈现出更好的结果，其中联盟网络知识吸收组的净利润均值为 1.405，无联盟网络知识吸收组的净利润均值为 0.841；联盟网络知识吸收组的基本每股收益为 0.364，无联盟网络知识吸收组的基本每股收益均值为 0.354，如图 4 – 10 所示。联盟网络知识吸收组所有收益类指标全面优于无联盟网络知识吸收组也进一步印证了本研究对联盟网络知识吸收进行有效管理的重要性，即在有效利用获取知识资源适应动荡外部环境的同时，还需要建立必要的管理策略实现外部知识的内部转化。

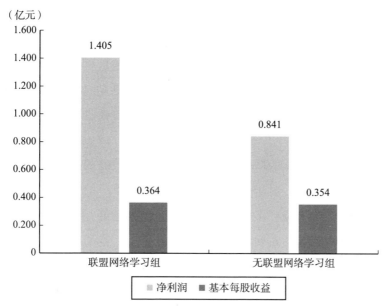

图 4 – 10　联盟网络知识吸收与净利润、基本每股收益差异

2. 创业企业联盟网络知识吸收多样性及其对业绩的影响

在创业企业吸收通过联盟网络所获取知识的过程中，联盟网络知识吸收管理策略为创业企业实现外部知识的内部转化提供了保障，也是企业通

过知识获取到知识应用的必要环节，由此成为知识视角下企业业绩提升的作用机制。但是，无论是在理论界还是实务界都忽视了联盟网络知识吸收管理策略本身的重要性。

就知识吸收管理策略的已有研究来看，海默里克斯和杜伊斯特（Heimeriks & Duysters，2007）认为企业能够设立专门负责公司内部联盟活动的管理和协调的联盟职能或部门有助于多样联盟组合的管理；可以使用日常管理的工具和指南来帮助组织不同联盟和合作伙伴的详细信息，通过形式化和标准化的方法来处理；可以使用流程帮助比较联盟之间的绩效差异，从而使管理层在必要时重新调整组合；可以使用外部参与方在联盟冲突的情况下帮助减轻公司的压力，并使其更好地应对多样化组合的要求。专门的联盟结构能够通过支持协调、学习、感知和转型等联盟管理例程来改善联盟管理能力。奥利弗等（Oliver et al.，2010）提出正式的联盟结构的一个主要优势是它们有助于监督整个组织，因此它们可以促进知识的编码，并在公司内部各个职能领域之间促进沟通。这些都是重要的机制，使个体的知识储备对整个组织都可利用。此外，联盟结构使人们能够了解哪种联盟和合作伙伴特别有价值，并为扫描市场寻找适当的新联盟机会提供必要的资源。

在企业采用差异化的联盟网络知识吸收管理策略的背景下，如下研究问题就显得特别有趣：对于创业企业而言，采用单一的管理策略还是多样化的管理策略更为有益？多样化的水平是否越高越好？现有文献对以上问题并未进行深入探讨。在回顾相关文献的基础上，本书将联盟网络知识吸收管理策略划分为成立合资公司、成立管理部门、成立管理小组、设立相应的人员以及其他等多种方式，在对创业企业是否采用联盟网络知识吸收管理策略影响公司业绩的分析基础上，进一步分析知识吸收管理策略多样性这一要素的作用。

具体到知识吸收管理策略多样性的测算方式而言，创业板上市公司对创业企业的联盟网络知识吸收管理策略通过《联盟公告》的方式进行了披露，据此可以将联盟网络知识吸收管理策略分为前文所述总计五种方式，例如成立合资公司是创业企业与联盟伙伴共同出资设立合资公司，这往往是特定知识传递最深度合作的方式，成立管理部门是创业企业在组织内部专设联盟网络管理部门等，在此基础上通过 Blau 指数进行联盟网络知识吸收管理策略多样性水平的测算，计算公式为

$$D = 1 - \sum P_i^2 \qquad\qquad (4-2)$$

其中，D 为最终测算出的知识吸收管理策略多样性水平，取值区间为 0 ~ 1；P 是某种知识吸收管理策略在全部管理策略中的比例，i 是知识吸收管理策略类别。

根据最终的知识吸收管理策略多样性水平计算结果，在 243 家披露了联盟网络知识吸收管理策略信息的创业板上市公司中，依据创业企业是否采用了包括成立合资公司、成立管理部门、成立管理小组、设立相应的人员以及其他联盟网络知识吸收管理策略，我们将其划分为三组：高多样性组（创业企业联盟网络知识吸收管理策略多样性水平高于 65 分位）、中多样性组（创业企业联盟网络知识吸收管理策略多样性水平高于 35 分位且低于 65 分位）、低多样性组（创业企业联盟网络知识吸收管理策略多样性水平低于 35 分位）。从统计分析结果来看，创业企业联盟网络知识吸收管理策略多样性与创业企业营业收入（相关系数为 0.139，$p = 0.000$）与总资产（相关系数为 0.237，$p = 0.000$）正相关，也就是基于创业企业联盟网络知识吸收管理策略多样性高低水平进行的分组，在营业收入与总资产等收益类和资产类指标方面表现出了显著性差异。

在营业收入方面，高多样性组的营业收入平均值 11.642 低于中多样性组的 15.675，高于低多样性组的 9.758，如图 4-11 所示。前文已经对营业收入的经济内涵进行了详细说明，上述结果是比较有趣的，因为其直接回应了本书之前所提出的问题，联盟网络知识吸收管理策略多样化的水平是否越高越好？从结果来看，过高和过低的多样性水平对创业企业营业收入的影响都是不利的，反而是适度的多样性水平的创业企业营业收入最高，这表明联盟网络知识吸收管理策略多样性水平的确能够通过增加差异化的

管理策略产生知识吸收的累加效果，通过增加能够应用的知识基础对经营业绩产生促进作用；但同时也提示企业过度多样性水平未必是好事，当创业企业采用过度多样性的管理策略，从某种程度上可能表明企业的知识吸收过程遇到比较大的困难，试图通过差异化的管理策略来解决，而这背后的根本原因可能说明企业自身的知识类别过度分散，这也是企业战略导向不够聚焦的表现，而这对于创业企业可能是尤其不利的。

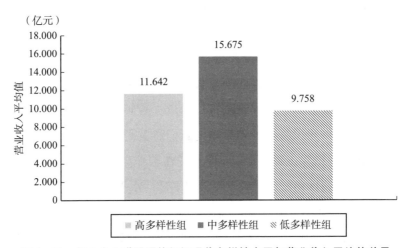

图 4-11　创业企业联盟网络知识吸收多样性水平与营业收入平均值差异

在总资产方面，高多样性组的总资产平均值 32.028 低于中多样性组的 35.615，同样高于低多样性组的 21.473，如图 4-12 所示。与营业收入的结果完全一致，即过高和过低的多样性水平对创业企业总资产的影响都是不利的，反而是适度的多样性水平的创业企业总资产水平最高。对于创业板上市企业而言，整体与主板企业的成熟度有差距，因此得大企业病的企业整体还比较少，企业规模越大的往往是商业模式更成熟，企业管理经验更丰富，因此对知识吸收管理策略也更有经验，所以形成了中等水平的联盟网络知识吸收管理策略多样性。

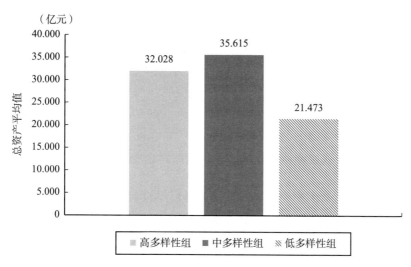

图 4 - 12　联盟网络知识吸收多样性水平与总资产平均值差异

4.2.2　创业企业联盟网络知识吸收管理策略的创新影响

众所周知，知识与创新的关系密不可分，除了企业直接的经营业绩，联盟网络知识吸收管理策略可能会对企业创新产生直接效应，因此这一部分将着重分析联盟网络知识吸收对技术、产品或服务创新的影响。

从企业创新的视角来看，企业进行创新活动不仅需要对知识加以收集，当然也需要把已有知识与新知识进行整合创造和利用，这样做的目的是能够使得新旧知识有机融合，通过排除知识冗杂提高知识效率，由此对企业创新产生积极影响。由此可以进行简单的预测，即联盟网络知识吸收管理策略能够对企业创新产生积极影响。从已有研究来看，能够找到一些直接证据，例如从外部知识获取知识可作为吸收能力的前因，知识吸收能力对企业创新绩效有显著影响（Fosfuri & Tribo，2008）；陈志军和缪沁男（2014）研究发现，企业知识吸收能力越强，外部创新源对创新绩效的促进作用越大。值得注意的是上述关系也存在反例证据，李柏洲和曾经纬（2021）研究发现，拥有较强知识吸收能力的中小企业，由于形成路径依赖，从而对自身的创新绩效产生消极影响。

纵观已有研究，一方面主要关注着眼点在于企业的知识吸收能力而非具体的管理策略，另一方面研究结论也不尽相同，因此深入考察联盟网络知识吸收的创新效应对于全面理解联盟网络非股权治理具有一定的理论与现实意义。

1. 创业企业联盟网络知识吸收管理策略对企业创新的影响

与创业企业联盟网络学习类似，我们仍然首先关注有无的问题，即创业企业联盟网络知识吸收管理策略是否会对企业创新产生实质性影响？为了回答这一问题，同样按照联盟网络知识吸收管理策略组与无联盟网络知识吸收管理策略组的分组方式，着重考察了是否存在联盟网络知识吸收管理策略的创业企业，在创新投入与创新绩效上的差异表现。在创新投入方面，数据没有发现知识吸收管理策略与研发投入的显著关系，甚至联盟网络知识吸收管理策略组在研发人员数量占比与研发投入占营业收入比重等两项指标还低于无联盟网络知识吸收管理策略组，可能的解释是研发人员数量占比与研发投入占营业收入占比更高的创业企业更强调内向的研发与创新活动，对外部知识吸收就会相对忽视，而由于创业企业的资源约束，自然就会减少在外部知识吸收管理策略方面的投入。

在创新绩效方面，如前文所述企业采用联盟网络知识吸收管理策略的意义主要体现在使得新旧知识有机融合，通过排除知识冗杂提高知识效率，由此对企业创新产生积极影响。从数据结果来看，联盟网络知识吸收管理策略组在企业新获得的著作权数量上显著高于无联盟网络知识吸收管理策略组（相关系数为 0.063，$p = 0.05$），联盟网络知识吸收管理策略组新获得的著作权数量均值为 11，无联盟网络知识吸收管理策略组新获得的著作权数量均值为 7。在专利类别上，包括企业新获得的专利数量、发明专利数量、实用新型专利数量、外观设计专利数量等，两组都不存在显著差异。可能的解释是著作权法保护形式，专利法保护创意思想，而知识吸收提高知识效率就容易产生形式的创新，但要实现创意还有很长的一段路要走。

2. 创业企业联盟网络知识吸收管理策略多样性对企业创新的影响

如前文所述，在考虑联盟网络知识吸收管理策略的创新效应过程中，创业企业差异化的管理策略也很重要，因此我们进一步考察联盟网络知识吸收管理策略多样性对企业创新的影响。在计算联盟网络知识吸收管理策略多样性并进行分组的基础上，我们考察了联盟网络知识吸收管理在创新投入与创新绩效上的差异表现。在创新投入方面，之前在知识吸收管理策略与研发投入关系中所发现的规律得到了进一步强化。从统计分析结果来看，创业企业联盟网络知识吸收管理策略多样性与创业企业研发人员数量占比（相关系数为 -0.060，$p = 0.05$）与研发投入占营业收入比重（相关系数为 -0.063，$p = 0.05$）负相关，也就是基于创业企业联盟网络知识吸收管理策略方式多样性高低水平进行的分组，在研发人员数量占比与研发投入占营业收入比重两个重要的创新投入指标方面表现出了显著性差异。

具体来看，在创业板企业样本中，高多样性组研发人员数量占比平均值最低为 13.9%，其次为中多样性组的 22.4%，均低于低多样性组的 24.1%，直观的数据表明高多样性组研发人员数量占比平均值最低。进一步地，高多样性组研发投入占营业收入比重平均值最低为 5.0%，其次为中多样性组的 6.0%，均低于低多样性组的 7.0%，直观的数据表明高多样性组研发投入占营业收入比重平均值最低，如图 4 – 13 所示。

就联盟网络知识吸收管理策略多样性与企业创新投入的数据结果来看，多样性水平越高则企业创新投入越低，这主要是由企业的创新模式决定的，企业的创新模式通常可以分为自主研发、产学研合作、外部企业合作研发等，创新模式本无优劣之分，需要根据企业不同阶段的发展需求进行实时调整，差异化的知识吸收管理策略多样性水平能够很好地表征企业的创新模式，低水平知识吸收管理策略多样性企业意味着对通过联盟网络所获取的知识应用不足，更多采用自主研发创新模式，已有研究表明此时公司内部研发人员薪酬存在明显的溢价（Stern，2004），而且在突破核心技术时尤其需要高强度激励（张毅和闫强，2021），这就对企业的创新投入提出了更高的要求。

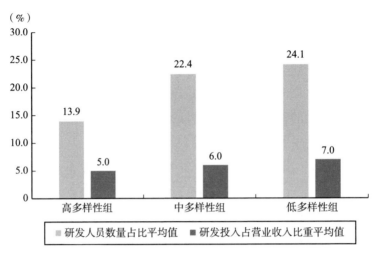

图4-13 联盟网络知识吸收管理策略多样性水平
与研发人员数量占比和研发投入占比差异

在创新绩效方面,两个组别在专利数量、不同专利类别包括发明专利数量、实用新型专利数量、外观设计专利数量等,以及企业新获得的著作权数量都不存在显著差异。

上述数据结果表明,联盟网络知识吸收管理策略可能难以产生直接的企业创新。从创新投入来看,证据显示知识吸收管理策略是内生于企业创新模式的,即企业创新模式在很大程度上决定了企业的知识吸收管理策略,也决定了企业的内部创新投入,因此我们可以看到知识吸收管理策略与企业创新投入存在很高的相关性。而从创新绩效来看,无论是是否采用知识吸收管理策略,还是管理策略多样性都没有对具体创新结果产生比较明显的实质性影响,一方面知识吸收到最终的创新结果还有比较长的路要走,另一方面企业创新的结果产出所受到的影响因素确实比较众多,而从目前结果来看,尤其是对于创业企业而言,受限于资源约束,外部知识对自身创新产出影响所占的权重是比较低的,俞彬等(2022)以舜宇光学为对象的研究也发现，创业企业外部企业合作研发涉及真正技术研发的内容较少，更多借助"你设计，我生产"的产学研合作为主导。

4.3 联盟网络过程管理对创业企业绩效的影响

创业企业通过网络治理实现外部资源效应，一方面需要通过战略导向使得具有差异化特征资源朝向具体而明确的目标与方向，同时还需要制度化的联盟过程管理克服在对资源进行有效整合与利用过程中所遇到的障碍，因此有文献将联盟过程管理作为非股权网络治理过程中的又一重要战略要素（邓渝，2021）。

主流研究的观点都支持联盟网络过程管理对企业业绩的正向促进作用。班福德和恩斯特（Bamford & Ernst，2002）最早关注控制和管理流程在评估联盟组合对企业业绩实际贡献方面的作用，他们认为使用联盟评估和具体指标有助于管理层跟踪联盟网络增长过程中的进展，同时这些过程可以帮助比较联盟间的绩效差异，从而使管理层对其进行重新配置。巴尼等（Barney et al.，2011）从资源有效配用的角度来看，创业企业努力克服资源多样性的不利影响，更重要的是看重不同资源与信息互为补充的特性，进而充分利用不同维度不同视角的资源与知识可能产生的协同效应，这主要依赖于创业企业的资源利用能力，即通过对有价值的资源进行搭配使用实现原有价值基础上的进一步增值。斯塔姆等（Stam et al.，2014）从资源与战略匹配的角度来提出企业构建联盟组合所获取的多样资源成为常态，对多样的资源进行有效地识取将成为创业企业联盟过程管理中的必备工作环节，而对资源的分析、编码与分类管理成为资源识取的基础性工作，因此是否对联盟合作过程进行制度化建设，将极大地影响创业企业资源识取的效率，降低资源冗余所产生的成本。

综合以上研究可以看出，联盟网络过程管理对企业绩效的正向影响主要基于联盟网络的对象多样性资源多样性提出，而对于创业企业而言，机会导向与创新导向的战略使得对资源的需求与成熟企业不一样，更强调资源聚焦以及联盟资源与自身资源的互补，资源多样导致的目标分散不利于企业"做正确的事"其建构联盟网络也会表现出对象与资源的聚焦，因此过程管理会对企业绩效产生怎样的影响值得进一步探究。

创业板上市企业联盟网络数据库中，根据221家披露了联盟网络过程管理的创业板企业分析发现，48家企业开展了过程管理，占21.7%；173家企业开展了过程管理，占78.3%。由此可以看出，实际采用的联盟网络过程管理的创业企业相对较少，因此本书接下来重点分析创业企业为何较少采用过程管理，过程管理是否以及如何对其自身业绩产生影响。

4.3.1 创业企业联盟网络过程管理的绩效影响

萨卡尔等（Sarkar et al.，2009）对联盟过程管理进行了概念界定，即联盟过程管理是指企业进行特定的联盟管理规章制度建设，重视联盟合作中的过程管理，强调通过规范流程对关系中的资源与信息进行整合与有效吸收，以此促进资源的内化。对于创业企业而言，过程管理必然涉及管理成本增加，那么联盟网络过程管理是否对企业绩效产生积极影响就会对企业进行相应的战略决策产生重要影响，因此在这一部分，我们将着重分析由中国创业板企业联盟网络中，创业企业的联盟网络过程管理策略所产生的绩效影响。

主流观点大多支持联盟网络过程管理对企业业绩的正向促进作用，这是由于已有研究主要是从多样性联盟对象评估与联盟网络配置（Bamford & Ernst，2002）、资源有效配用巴尼（Barney，2011）等，由此可以看出对于联盟网络而言，差异化的资源内化是过程管理正向效应的核心逻辑。值得注意的是，创业企业所构建联盟网络的特征与成熟企业可能存在显著差异，即对象与资源多样性水平都会相对较低，那么联盟网络过程管理对创业企业业绩可能就不会起到显著影响。

就最终的数据来看，在221家披露了联盟网络过程管理策略的创业板企

业中，依据创业企业是否采用了联盟网络过程管理策略，我们将 221 家企业
划分为两组：联盟网络过程组（创业企业披露采用联盟网络过程管理）、无
联盟网络过程管理组（创业企业没有披露采用联盟网络过程管理）。从统计
分析结果来看，如图 4 – 14 所示，创业企业联盟网络过程管理与创业企业营
业收入（相关系数为 0.064，$p = 0.05$）正相关，也就是基于创业企业是否
采用了联盟网络过程管理进行的分组，在营业收入方面表现出了显著性差
异，联盟网络过程管理组的营业收入（均值为 11.554）显著高于无联盟网
络过程管理组（均值为 8.157）；同时尽管不存在显著性差异，联盟网络过
程管理组在净利润方面也呈现出更好的结果，其中联盟网络过程管理组的
净利润均值为 1.242，无联盟网络过程管理组的净利润均值为 1.151。

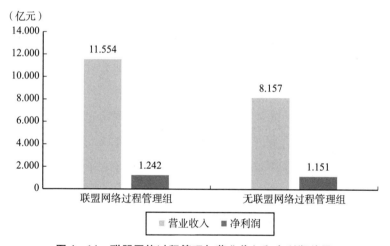

图 4 – 14　联盟网络过程管理与营业收入和净利润差异

　　尽管数据结果依然部分支持了联盟网络过程管理对企业业绩的积极影
响，考虑到创业企业联盟网络的独特性，有必要进一步深入思考过程管理
对企业业绩的作用机制。对于创业企业联盟网络而言，如果说差异化的资
源内化不再是过程管理正向效应的核心逻辑，那么对于相对聚焦的联盟对
象和资源而言，联盟网络企业是否能够遵照联盟运营中制定的一系列契约，

在分工协作中完成联盟的市场目标，对于联盟过程管理的绩效而言，是保持其稳定性和敏捷性的基础。在对联盟企业过程管理绩效评价的研究中，曹杰等（2008）指出具体到过程管理的微观指标，能够反映出履约声誉相对具有更高的重要性，因为这是联盟可以顺利运行的根本保证，由此说明对于创业企业而言，过程管理依然重要，但其作用主要体现在对联盟关系的保证与联盟约定的履行方面，而从实际来看，这也的确符合创业企业构建联盟网络的特征。

4.3.2 创业企业联盟网络过程管理的创新影响

创新是有风险的，尤其是跨越组织边界的开放式创新，需要合作双方更好地构建互补资源与能力，降低交易风险，减少冲突，促进知识交换和价值共创，进而推动企业合作创新活动开展。在联盟网络的情境中，联盟关系越稳定，对合作创新就越有利，因此需要创业企业对联盟网络进行有效的过程管理以提升联盟稳定性水平。

从联盟过程持续性的视角来看，有效的联盟网络过程管理有助于使联盟合作关系更持久，信息透明度水平更高，机会主义行为更少，由此更容易诱发长期导向的创新决策；从联盟安全性的视角来看，有效的联盟网络过程管理有助于规避风险，降低双方合作不确定性与知识侵占风险，从而推动知识扩散和创新开展。就已有研究，对联盟网络过程管理与企业创新关系的研究还比较少，因此深入考察联盟网络过程管理的创新效应对于全面理解联盟网络非股权治理具有一定的理论意义。

我们关注的问题是创业企业联盟网络过程管理是否会对企业创新产生实质性影响？为了回答这一问题，同样按照联盟网络过程管理组、无联盟网络过程管理组的分组方式，在这一部分考察了是否存在联盟网络过程管理的创业企业，在创新投入与创新绩效上的差异表现。在创新投入方面，联盟网络过程管理组在研发人员数量（相关系数为 -0.072，$p=0.05$）、研发人员数量占比（相关系数为 0.083，$p=0.000$）上显著低于无联盟网络过程管理组，联盟网络过程管理组的研发人员数量均值为 11.554，无联盟网络过程管理组的研发人员数量均值为 8.157；联盟网络过程管理组的研发人员数量占比均值为 23.4%，无联盟网络过程管理组的研发人员数量占比均值为 27.2%（见图 4 – 15）。这一结果与联盟网络知识管理策略的结果类似，即研发人员数量与研发人员数量占比更高的创业企业更强调内向的研发与创新活动，对外部联盟网络就会相对忽视，在联盟网络过程管理方面自然就更不重视。

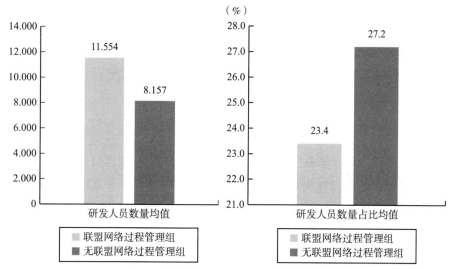

图 4 – 15　联盟网络过程管理与研发人员数量和研发人员数量占比差异

在创新绩效方面，从数据结果来看，联盟网络过程管理对企业的创新产出的系列指标均没有产生实质性的影响，这一结果也与联盟网络知识管理策略的结果类似，即外部知识对自身创新产出影响所占的权重是比较低的。

第5章 平台经济发展的新态势与平台网络治理的新趋势

5.1 平台经济发展进入新阶段

自2020年新冠疫情暴发以来，三年内，全球经历了疫情反复、俄乌冲突、能源危机、货币紧缩等多重冲击，世界经济稳定遭遇巨大挑战。平台经济经过近十年的高速发展，已经明显进入新的阶段，主要体现在世界范围内平台经济发展遭遇瓶颈，我国平台经济发展进入新阶段。

5.1.1 全球平台产业发展遭遇瓶颈

1. 全球经济经历严峻挑战

一方面，由于疫情期间多个经济体采取超宽松货币政策和大规模财政补贴，刺激需求高涨。而供给却因疫情反复遭遇制约，致使多个经济体出现通胀；另一方面，俄乌冲突下，全球大宗商品价格飙升，通胀压力进一步扩大。最终发达经济体的通胀率达到1982年以来的最高水平。为抑制通胀，以美国为首的多个地区收紧货币政策，推高利率水平，对成长型科技股造成冲击和影响。在此背景下，全球平台企业数量和市值规模五年来首次呈现负增长。截至 2022 年 12 月底，全球价值超百亿美元的互联网平台共有 70 家，同比减少 15 家（见图 5-1）；价值规模约 9.2 万亿美元，同比下降 36.9%，为 2018 年以来的首次下滑。其中，美国平台有 26 家，同比减少 5 家；价值规模约 6.8 万亿美元，同比减少 40.6%，占据总体规模的 73.8%。我国平台为 28 家，同比减少 3 家；价值规模约 2 万亿美元，同比下降 16.2%，与 2021 年相比降幅有所收窄，在总体规模中的占比为 21.6%。

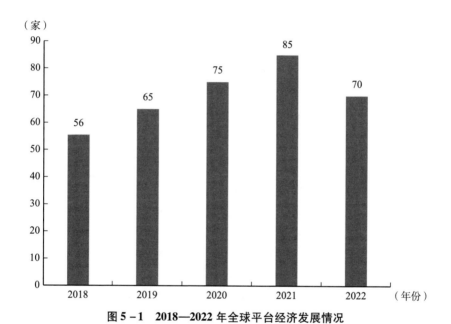

图 5-1　2018—2022 年全球平台经济发展情况

资料来源：中国信息通信研究院。

2. 平台经营业绩整体下滑

在多重超预期因素冲击下，平台企业增长压力凸显，主要平台经营业绩整体滑坡。从国外来看，2022 年美国五大巨头平均营收增速出现大幅下降，由 2021 年的 29.8% 降为 2022 年的 6.2%。其中，苹果营收 3876 亿美元，增速为 2.5%，同比下降 26.1%；谷歌营收 2828 亿美元，增速为 9.8%，同比下降 31.4%；Meta 营收 1116 亿美元，增速为 -1.1%，同比下降38.2%。从国内来看，我国市值前八家上市互联网平台企业平均营收增速为13.0%，与上一年相比下降19.4%。其中，阿里巴巴营收增速由28.9%下降至3.4%，美团营收增速由56.0%下降至22.8%，拼多多由57.9%下降至39.0%，腾讯和百度营收出现负增长，八家平台企业营收增速与上一年相比均出现不同程度下降（见图5-2）。

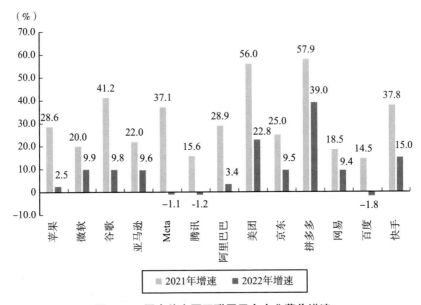

图5-2　国内外主要互联网平台企业营收增速

资料来源：中国信息通信研究院。

3. 平台普遍面临研发效用负增长压力

近五年，全球市值前十的平台企业研发有效性整体呈现下降趋势，平均降幅为27.8%。其中，美国六家平台企业研发效用近五年平均降幅为17.9%，仅微软实现上涨，涨幅为14.5%，谷歌降幅最大，为49.4%。中国四家平台企业近五年降幅为42.7%，拼多多降幅最大，为86.1%；美团降幅最小，为10.6%。数据整体反映出随着企业研发费用逐年增加，研发产出效率却逐渐降低，研发产品商业化能力下降的问题。这说明平台经济经过多年发展，前期技术红利带来的高速增长已接近尾声，而新技术实现商业化仍未实现。

4. 交易类初创平台企业融资吸引力下降

持续收紧的货币政策在令上市平台企业市值遭遇重挫的同时，也给全球初创企业融资带来一定影响。中国信通院所发布的《2023 年平台经济发展观察》报告显示，2022 年全球风险投资总额为 4830 亿美元，相比于 2021 年创纪录的 7340 亿美元下降了 34.2%，但仍为 2010 年以来的第二高。其中，资金主要流向了新能源、企业服务和金融科技等领域。连接买方与卖方的电商等交易类初创平台企业融资规模在总投资额中的占比由 2021 年的 26% 下降为 2022 年的 19%，为近十年来的最低占比（见图 5-3）。

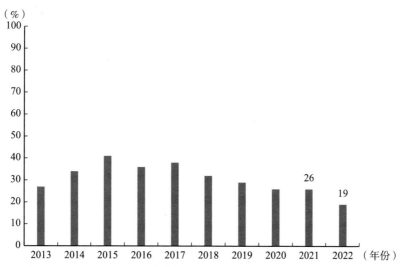

图 5-3　2013—2022 年电商等双边平台类初创企业融资额占比情况
资料来源：中国信息通信研究院。

5.1.2　我国平台经济发展进入新阶段

自 1999 年以来，我国各类平台逐步成长壮大，成为保就业、稳外贸、促消费以及产业创新的重要抓手。商务部研究院电子商务研究所课题组的研究报告从平台、消费者、商家三个纬度将我国平台发展分为探索期、发展期、革新期和规范期四个阶段。

第一阶段为探索期，时间跨度是1999—2004年。探索期我国平台主要是在学习国外电商平台经验的基础上，探索自己的发展路径。这一阶段新出现的主要平台包括淘宝、当当网和卓越等。1999年和2000年是网民快速增长的两年，但整体网民规模未到1亿人，该阶段平台消费者规模较小。从平台服务来看，这一阶段支付、物流、客服、营销等服务在初步构建阶段。从参与者来看，由于平台处于起步期，参与者入驻也较少，基本只选择一个平台尝试线上业务。

第二阶段为发展期，时间跨度是2005—2014年。发展期依托互联网人口红利，国内平台商业模式基本成型，平台服务体系日益完善。这一阶段新出现主要平台包括天猫、京东、苏宁易购等，2014年我国电子商务交易额达16.39万亿元，同比增长59.4%。[1] 从平台用户来看，网民规模快速增长，网民规模从2005年的1.11亿人增长到2014年的6.49亿人，年均增速为21.68%。[2] 平台消费者开始向全国普及，在支付、物流、营销等服务更为专业化，逐渐形成了电商生态服务体系。

第三阶段为革新期，时间跨度是2015—2019年。革新期的互联网人口红利逐渐饱和，新技术的广泛应用，平台新业态开始出现。这一阶段新出现的主要平台包括快手、抖音、小红书等，并出现了内容平台、直播平台、社交平台等新业态新模式，我国电子商务交易额也从2015年的21.79万亿元增加到2019年34.81万亿元，年均增速为12.42%。[3] 这一阶段直播平台、社交平台与电商平台相互融合，升级平台的展示、营销、引流的方式。

第四阶段为规范期，时间跨度是2020年至今。规范期的头部平台构建

---

①③ 国家统计局。
② 《中国互联网络发展状况统计报告》。

起更加系统化的服务体系，对我国产业链的带动效应持续增强。2020 年我国电子商务交易额达到 37. 21 万亿元，同比增长 4. 5%，同时平台服务进一步升级，在智能配送、品牌打造、研发设计等领域都已经有所发展。①

在上述四个阶段的发展过程中，我国政府对平台经济的指导意见也经历了从"防止无序扩张"到"鼓励探索创新"的转变。2020 年召开的中央经济工作会议明确了 2021 年经济工作中的八项重点任务，"强化反垄断和防止资本无序扩张"被列为其中一项，2020—2021 年中国经济年会提出，国家支持平台企业发展，增强国际竞争力，同时，要依法依规发展，健全制度规则，完善法律法规，加强对垄断行为的规制，提升监管能力，表明这一阶段的指导意见重在防止平台经济无序扩张。

两年以后，2022 年 12 月，中央经济工作会议明确指出，要大力发展数字经济，提升常态化监管水平。2023 年 4 月，中央政治局会议进一步提出，要推动平台企业规范健康发展，鼓励头部平台企业探索创新。2023 年《政府工作报告》再次强调，大力发展数字经济，提升常态化监管水平，支持平台经济发展。党中央、国务院接连释放积极信号，充分表明我国平台经济监管由"加强监管、专项整改"阶段正式进入"常态化监管"新阶段。

5.2　平台参与者对平台企业的新诉求

在我国政府规范平台经济、初步解决"二选一""大数据杀熟"等问题的背景下，平台参与者可以自由选择平台，也能够享受更多更优质的平台服务，因此平台参与者在选择平台时，对平台的价值诉求主要包括品牌建设能力、渠道建设能力、运营能力、知识产权保护与基础设施建设能力。

---

① 《中国电子商务报告 2020》。

5.2.1 品牌建设能力

平台参与者在选择平台的过程中会试图通过多元化平台布局拓宽业务边界，提高品牌孵化能力，因此对平台的品牌建设能力提出了要求。商务部研究院电子商务研究所课题组的研究报告在对平台参与者的调研过程中发现，平台参与者更加看重天猫和京东的品牌建设能力，其中，有57.89%的平台参与者看重天猫的品牌建设能力，有52.63%的参与者看重京东的品牌建设能力（见图5-4）。

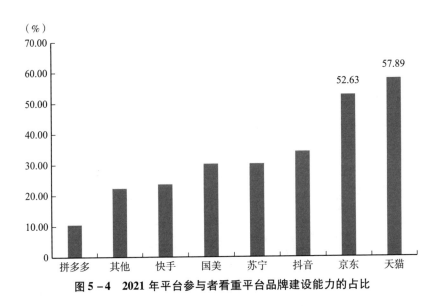

图5-4 2021年平台参与者看重平台品牌建设能力的占比

5.2.2 渠道建设能力

由于我国包括5G在内的通信基础设施领先全球，为直播电商、社交电商等新平台企业新的商业模式提供了发展机会，也拓展了渠道的新路径，因此平台的渠道建设能力间接影响参与者的平台选择意愿。亿邦智库企业调查问卷通过对参与者的调查发现，51.32% 的平台参与者在资源有限的前提下选择优先入驻天猫；抖音、京东、拼多多、快手等平台的渠道建设能力有待提高，分别有 22.37%、18.42%、5.26%、1.32% 的新品牌商家选择（见图 5 - 5）。

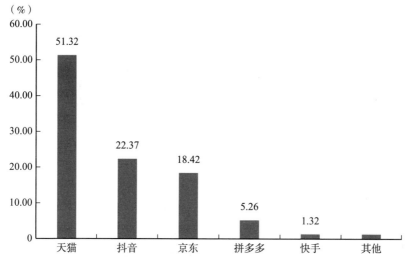

图 5 - 5　2021 年平台参与者看重平台渠道建设能力的占比

资料来源：亿邦智库。

5.2.3　运营能力

随着互联网人口红利进入尾声，平台参与者在平台上的客户获取更困难，不得不从以往追求成交增长的粗犷式增长模式，转向精细化运营的重视利润，重视在平台的投资回报率模式，因此平台企业所具备的让平台参与者直接面对平台用户的运营能力，直接影响平台参与者的选择意愿。亿邦智库企业调查问卷通过对参与者的调查发现，64.47% 的参与者更认可天猫的用户运营能力；不到 50% 的参与者认可其他平台的用户运营能力，其中京东（47.37%）、抖音（46.05%）、拼多多（43.42%）、苏宁（42.11%）、国美（40.79%）、快手（38.16%）（见图 5 - 6）。

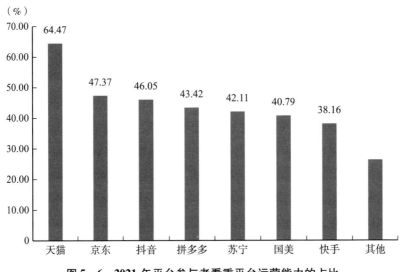

图5-6 2021年平台参与者看重平台运营能力的占比

5.2.4 知识产权保护能力

平台企业是否搭建了完善的知识产权保护系统，能够采取多重措施防止、识别和处理平台参与者的知识产权侵权的能力，影响平台参与者选择意愿的价值诉求。例如，阿里巴巴成立知识产权保护研究院致力于在知识产权保护领域成为行业领导者和受信赖的伙伴，京东知识产权保护平台构建包括制度治理创新、组织治理创新和技术治理创新在内的互联网平台企业社会责任协同治理体系，以满足参与者的知识产权保护诉求。

5.2.5 基础设施建设能力

平台实现创新引领的过程中，大多重视由"交易型"平台向"创新型"转型升级，其中对平台智慧物流、智慧出行、无人配送、智能客服、生物认证、安全风控的基础设施建设提出了内生需求，也是影响平台参与者选择意愿的价值诉求。亿邦智库企业调查问卷通过对参与者的调查发现，我国平台参与者更加看重京东和天猫的平台基础设施，其中 71.05% 的平台参与者认可京东的平台基础设施建设能力，61.84% 的平台参与者认可天猫的平台基础设施建设能力（见图 5-7）。

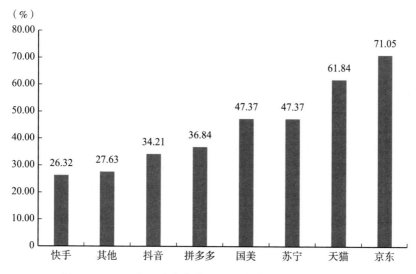

图 5-7　2021 年平台参与者看重平台基础设施能力的占比

5.3　平台网络治理的核心困境

近年来学者们开始关注"平台治理的核心困境是什么"这一重要问题，试图挖掘多主体治理机制形成的驱动因素。利益相关者理论一直强调合作关系在传统的双边交易活动中的作用，最近的研究逐渐凸显其对价值共创活动更加重要（Barney，2018；Klein et al.，2019）。合作是指一个行动者的行为有利于接受者（另一个行动者或一个行动集体），之所以选择合作，是因为它对接受者有好处；反之对行动者而言，合作既可能立即受益也可能代价高昂，或者短期代价高昂但长期收益（West et al.，2007）。当合作对行动者与接收者都立即受益时，例如简单的双边交易或传统的价值链活动中双方利益一致，此时价格机制足以激励他们合作，就其纯粹形式而言，这就是交易的意义。

相比之下，平台治理要实现的核心目标是多主体价值共创，这一过程缺少明显的促进交易的直接利益协调，这是由于价值共创活动中多主体任务或结果的相互依赖，参与价值共创的行动者普遍面临着可能破坏合作的集体行动问题（Bridoux & Stoelhorst，2016；Klein et al.，2019）。集体行动问题也被称为社会困境，出现在以下所有情况中：一是行动者的结果部分取决于其他行动者的行动；二是行动者的利益在一定程度上存在冲突（Balliet & van Lange，2013）。在这些情况下，集体行动的问题是不合作的偏好或行为更容易获得青睐，因为它会为个体行为者带来更好的（通常是短期的）结果，但如果大多数行动者都最终选择不合作，所有行动者的结果（通常在长期内）都会变得更糟。已有研究认同并强调了集体行动问题是平台治理所面临的核心困境，同时基于利益相关者理论探索了集体行动问题的类型化概念内涵，但相关研究仍处于开创期。

综合来看，伴随着平台经济发展进入新阶段，包括全球平台经济发展遭遇瓶颈，我国对平台产业创新引领寄予厚望，同时平台参与者更加理性，在平台选择过程中具有明确的价值诉求，平台治理所面临的集体行动困境被进一步凸显，只有深入探讨平台治理不同维度，例如界面治理、过程治理与关系治理，如何解决不同类型集体行动问题最终实现平台数字创业者与平台用户价值诉求的治理效应，才能够为后续进行适应性的治理机制设计夯实基础。

第6章 平台网络界面治理及其绩效作用

　　界面是连接平台企业与参与者的重要位置，而围绕界面的治理规则设计是平台网络治理的起点，也是平台网络治理的核心维度之一，具体是指平台所有者利用预先订立的客观标准，判别什么样的参与者能够接入平台（Tiwana，2015）。界面治理除了被视为筛选工具，更重要的是其体现了平台治理过程中的"输入性"特征。本书主张平台所有者需要针对选择哪些网络主体接入平台而作出治理决策，这决定着治理客体的重要构成，是平台网络治理的"输入性"要素。

　　就平台网络界面规则的影响因素而言，平台企业在进行界面规则设计时，时常要面对一个极具治理张力的问题：在平台范围内制定标准化的整体性规则，还是针对双边关系需求制定特殊性规则，或是二者兼而有之。所谓整体性规则是指平台企业针对所有参与者发起的一致性标准，以明确平台内的行为规范（Boudreau，2010；Wareham et al.，2014）。所谓独特性规则是指在平台整体性规则基础上，平台企业与平台参与者经过互动、沟通、协商，在既有规则上进行修正或拓展，从而形成具有双边关系专用性的独特性规则。整体化规则与特殊性规则不是非此即彼的关系，更加值得关注的是两者组合形成的差异，这一组合差异代表着精细化，也是平台治理能力的表征。因此，平台界面规则的设计与确立，是始于平台架构特征，历经平台所有者与参与者价值创造动机互动与匹配，驱动界面针对不同关系实现规则的试错、调整与动态转化的过程。在平台架构确立后，新创平台要根据平台架构，衡量参与者的主体特征与参与价值共创的动机，依据其动机与平台价值主张的匹配程度形成界面规则的主体内容。在形成初步界面标准后，新创平台与参与者不断进行关系互动迭代，推动不同类型规则的调整与转化。例如，新创平台在设计平台治理界面规则之初，通常以平台整体性规则为主，但随着新创平台企业对价值共创的追求，或对特定参与者价值共创潜力的判断，要重点发展与这些参与者的关系，因而形成聚焦关系的独特性规则。

平台企业进行平台网络界面规则的设计不仅决策"什么"活动应当接入平台，更应决策"谁"有能力执行这些活动而接入平台（O'Mahony & Karp，2022；Cardinal，2001）。搜寻、筛选并接入有价值且高质量的平台参与者并非易事，其主要原因在于：对于平台企业而言，理解并管理参与者的动机，使其出于平台整体利益而作出贡献是非常困难的事（Rietveld et al.，2020）。平台参与者接入平台是带着异质化的动机与需求（Wareham et al.，2014），这使得平台设计统一化的界面规则，以包容动机异质性异常困难。那么，平台网络界面治理是否以及如何诱发针对平台所有者和数字创业者的治理效应呢？通过梳理已有文献，已有研究对平台数字创业者行为同时产生正向与负向影响的矛盾结论，使人们对平台网络界面治理会产生怎样的经济后果还没有得到统一和明确的认识。

6.1 平台网络、界面治理及参与者设定

自从 2008 年 iOS 应用商店和 Google Play 推出以来，移动应用行业经历了指数级增长。仅在 2015 年，移动应用下载量达到了 1560 亿次，创造了 342 亿美元的年度收入。智能手机环境是一个典型的现代平台竞争市场。苹果的 iOS 生态系统在硬件设备和软件分发方面具有明显的等级制度。为了迎头赶上苹果，Google 公开授权其安卓操作系统给智能手机生产商，以加速其平台的扩散和发展。因此，本章的平台企业主要指 iOS 应用平台或 Android

应用平台，参与者主要是指两个平台中的应用以及最终的应用用户。本章的这些数据的主要来源是 data. ai（www. data. ai），它是移动计算领域领先的分析公司之一。data. ai 一直在追踪和归档与 iOS 和 Android 平台上开发的所有应用相关的信息。它的数据被应用开发者、风险投资公司和金融分析师广泛使用。请注意，data. ai 并不生成自己的数据，而是随着时间的推移从 Google Play 和 App Store 中累积每日数据，并为用户提供易于使用的工具来分析趋势。

本章的研究情境设定在苹果的 iOS 应用平台，研究 iOS 14 越狱导致放松平台守门控制后针对 iOS App 及平台用户的治理效应。iOS 越狱是一种利用漏洞来去除 iOS 内置限制的黑客攻击。在越狱之后，之前被 iOS 应用审核拒绝的应用变得对用户可用，由此表明 iOS 放松的守门控制机制。越狱过程中少数黑客共同开发了一个自动越狱程序，并免费向公众提供。安装该程序后，iOS 用户可以轻松越狱其设备并安装在 Apple App Store 中不可用的应用（即越狱应用）。越狱应用的一种主要类型是盗版应用（即山寨或破解应用），它们明显违背了应用审核的规定。盗版应用通常模仿或直接复制现有应用的功能，但以折扣甚至免费的价格提供给用户，这给 iOS 应用开发者带来了巨大的收入损失。一些盗版应用是不可靠的，甚至可能包含恶意内容，这可能损害用户体验并导致用户流失。因此，iOS 越狱为我们的研究提供了一个适当的情境。

iOS 14 的越狱适合当前研究问题的分析，主要有两个方面的原因。

第一，近些年来大多数用户已经不愿继续尝试越狱。原因主要包括以下两个：一是 iOS 系统中越来越多功能已经不需要越狱就能实现，既然如此，一些人自然也就不愿意再去操作那些烦琐的过程；二是越狱越来越不稳定，碰到的问题已经越发没有能力解决，想要实现越狱已经不像以前那么简单，一旦重启，还要重复整个操作过程。

第二，iOS 14 的升级显著提高了对越狱的系统安全性。根据苹果公司的安全报告和美国国家漏洞数据库的数据，先前越狱中使用的已知漏洞被修复在 iOS 14 系统中，使得越狱变得特别困难。此外，与以往通常会在社交媒体上记录黑客进展的越狱不同，iOS 14 的越狱行动对公众是隐藏的。因此，当时的技术界对于 iOS 14 的越狱可能性持悲观态度。总体而言，考虑到技术复杂性和不透明的黑客进展，iOS 14 的越狱时机被认为是不确定的。6 个月的超长期限，也给我们足够的时间观察处理前后的 iOS App 及平台用户的变化。

6.2 平台网络界面治理与用户满意度

平台组织的优势在于企业能够将互补活动模块化（Yoo et al.，2010），同时协调互补活动实现系统级目标（Jacobides et al.，2018）。这一特征挑战了传统的组织逻辑，强调了组织协调相互依赖的能力。平台必须提高异质创业者的参与度才能推动平台发展（Zittrain，2006；Boudreau，2012；Parker & Alstyne，2017），因此需要对参与者的贡献进行过滤和协调（Zittrain，2008），这就使得守门控制成为一项挑战。蒂尔森等（Tilson et al.，2010）强调了平台所有者需要管理"守门控制的悖论"：通过培育灵活性以促进平台多样，同时又要保持稳定性以防止平台分散。然而，我们对这种守门控制的张力如何影响平台用户满意度仍知之甚少。

6.2.1 守门控制与平台用户满意度的理论关系

放松的守门控制所导致的搭便车问题可能会降低平台用户满意度。如果平台参与者可以享受到共享资产（如平台系统声誉）的好处，就会出现"搭便车"问题：随着集体规模的增加，贡献动机减弱，个人的贡献水平也会下降（Monge et al.，1998）。类似的搭便车问题已经在多个场景中得到证实，包括 eBay 市场中卖家的行为（Hui et al.，2016）以及互补商品和开源软件开发等（von Hippel & von Krogh，2003；Baldwin & Clarck，2006；Kumar et al.，2011）。搭便车问题的核心是数字创业者的创新努力和其产品产出的真实价值之间存在信息不对称。由于创新活动的信息不对称，平台所有者无法完全监控数字创业者的创新活动，使得平台用户无法准确评估数字创业者的价值。在平台中，用户和平台同样存在信息不对称，用户的购买决策在一定程度上是基于对平台产品的预期期望。源于平均用户满意度产生了更高的平台声誉，高声誉所带来的好处被分配给所有数字创业者，而数字创业者的努力和对系统声誉的贡献无法有效评估，搭便车的行为便可能大大增加。放松的守门控制使得平台满足消费者偏好并增加他们的消费效用的能力也会发生改变，因为不同数字创业者提升系统声誉的能力存在差异，可能会对数字创业者从其他创业者中受益的期望产生负面影响，由此在平台层面产生负反馈循环，导致越来越多的数字创业者认为他们为集体提供的利益远远大于比他们从其他创业者对集体利益的贡献中所获得的收益。随着守门控制的进一步放松，平台用户满意度的差异水平也会增加，创业者对集体利益的平均贡献意愿随之降低，由此导致与平台—数字创业者组合相关的用户满意度也会下降。

放松的守门控制还可能降低平台整体的吸引力（Casadesus – Masanell & Halaburda，2014）进而降低平台用户满意度。模仿的产品（如破解应用程序）通常存在质量问题（Lahiri & Dey，2013），但原始产品和低质量仿冒品并存，用户很难在事前进行质量评估，最终导致了所谓的"柠檬问题"（Belleflamme & Peitz，2019）。此外，由于缺乏对他人选择的完全预见，平台用户可能忽视原始和模仿的产品，削弱了产品对用户的整体效用（Casadesus – Masanell & Halaburda，2014；Halaburda et al.，2018）。例如，模仿软件的干扰可能削弱用户反馈（如错误报告）（Arora et al.，2006；Jiang et al.，2012），阻碍此类软件的质量改进，损害用户的整体体验（Cennamo & Santalo，2013）。因此，放松的守门控制可能使得平台对用户的吸引力进一步降低。

6.2.2 守门控制对平台用户满意度的影响

参考已有研究，本书用打开率和累积评分两项指标对用户满意进行测量。从具体数据来看，首先观察 iOS 平台的所有 289911 个 App 年样本数据，依据 iOS 14 完美越狱的发布时间即 2021 年 10 月为时间间隔，将全部 App 分为两组，考察完美越狱前（2021 年 10 月以前的 App）与完美越狱后（2021 年 10 月以后的 App）各 6 个月的用户满意度差异。统计分析结果来看，基于完美越狱这一外生冲击时间进行的分组，在打开率方面表现出了显著性差异（F 统计量为 503.16，$p = 0.000$），完美越狱后的打开率（均值为 0.079）显著低于完美越狱前的打开率（均值为 0.085）；在累积平均评分方面同样表现出了显著性差异（F 统计量为 19.29，$p = 0.000$），完美越狱后的累积平均评分（均值为 4.381）显著低于完美越狱前的累积平均评分（均值为 4.397）（见图 6-1）。

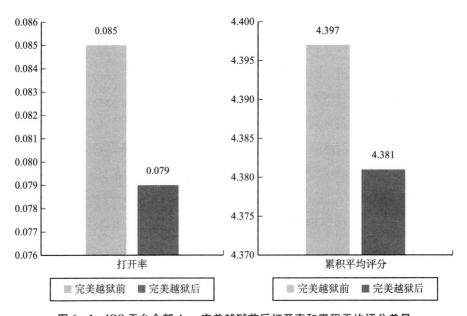

图 6-1　iOS 平台全部 App 完美越狱前后打开率和累积平均评分差异

在 iOS 平台整体 App 样本的分析基础上，本书进一步考察在不同区域与不同类型 App 中完美越狱对用户满意度的影响。在区域方面，美国是 iOS 的大本营，也是 App 开发者最重视的业务区域，因此本书选取了美国范围内的 App，观察 iOS 平台中的美国 9012 个 App 年样本数据，同样依据 iOS 14 完美越狱的发布时间即 2021 年 10 月为时间间隔，将全部 App 分为两组，考察完美越狱前（2021 年 10 月以前的 App）与完美越狱后（2021 年 10 月以后的 App）各 6 个月的用户满意度差异。统计分析结果来看，基于完美越狱这一外生冲击时间进行的分组，美国范围内的 App 在打开率方面表现出了显著性差异（F 统计量为 9.24，$p = 0.000$），完美越狱后的打开率（均值为 0.049）显著低于完美越狱前的打开率（均值为 0.053）；在累积平均评分方面同样表现出了显著性差异（F 统计量为 22.57，$p = 0.000$），完美越狱后的累积平均评分（均值为 4.521）显著低于完美越狱前的累积平均评分（均值为 4.538）（见图 6 - 2）。

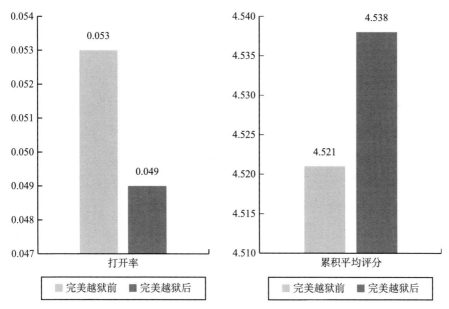

图 6 - 2　美国范围内 iOS 平台 App 完美越狱前后打开率和累积平均评分差异

在类别方面，游戏类 App 是所有类别中最重要的组成部分，一方面，游戏类 App 数量庞大，占据整个市场的"半壁江山"。据工信部官网数据，截至 2022 年 2 月末，我国第三方应用商店在架应用中，工具类和游戏类 App 数量占据总 App 数量的 44.3%，其中游戏类 App 数量达 69.1 万款，占全部 App 总数 29.5%，下载量排第一位，下载量达 3089 亿次；另一方面，游戏类 App 的用户规模、商业化空间增长幅度高。穿山甲、巨量算数和易观分析数联合出品的《2022 年 IAA 行业品类发展洞察报告》中显示，IAA 行业发展指数 TOP 30 中，有 15 个是属于游戏品类 App。因此本书选取了游戏类的 App，观察 iOS 平台中的游戏类 142856 个 App 年样本数据，同样依据 iOS 14 完美越狱的发布时间即 2021 年 10 月为时间间隔，将全部 App 分为两组，考察完美越狱前（2021 年 10 月以前的 App）与完美越狱后（2021 年 10 月以后的 App）各 6 个月的用户满意度差异。统计分析结果来看，基于完美越狱这一外生冲击时间进行的分组，游戏类的 App 在打开率方面表现出了显著性差异（F 统计量为 493.85，$p = 0.000$），完美越狱后的打开率（均值为 0.044）显著低于完美越狱前的打开率（均值为 0.068）；在累积平均评分方面同样表现出了显著性差异（F 统计量为 14.79，$p = 0.000$），完美越狱后的累积平均评分（均值为 4.426）显著低于完美越狱前的累积平均评分（均值为 4.431）（见图 6 - 3）。

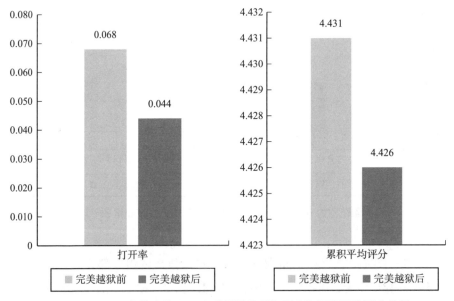

图 6 - 3 iOS 平台游戏类 App 完美越狱前后打开率和累积平均评分差异

上述结果表明，平台企业放松守门控制一方面可能导致"搭便车"问题从而降低平台用户满意度，同时还可能降低平台整体的吸引力进而降低平台用户满意度，通过 iOS 完美越狱这一外生冲击事件进行观察，确实发现在平台被迫放松守门控制后，App 用户在打开率和平均累积评分两项指标上都明显表现出较低的用户满意度，由此佐证了本研究对守门控制影响用户满意度的绩效结果，因此可以看到守门控制作为平台企业界面治理的重要方式之一，的确会实质性地改变平台企业用户体验，而平台用户体验是平台企业极其重视的，毕竟这也会对平台声誉和平台吸引力造成现实的后续影响。

6.3 平台网络界面治理与数字创业者创新

用户满意度体现了平台所有者与数字创业者价值共创的直接效应，数字创业者创新则是平台企业能否实现创新引领的重要指标，因此新近研究开始关注平台企业如何促进创新（Boudreau & Jeppesen，2015；Wen & Zhu，2019；Cennamo & Santalo，2013；Kapoor & Lee，2013）。创新理论提出对知识产权的有效保护可以为激励创新发挥重要作用（Teece，1986），但在本书的研究情境下，平台放松守门控制究竟会对数字创业者创新产生怎样的影响，确实存在截然不同的两派观点，即盗版效应与竞争效应，分别支持放松守门控制可能对数字创业者创新产生负向与正向的影响，因此本研究关注平台情境下，分析上述两种效应哪一种占据主导地位。

6.3.1 守门控制与平台数字创业者创新的理论关系

在平台治理研究视角下，学者们关注怎样的平台治理机制能够推动数字创业者有动力为平台进行产品开发并从开发创新中获取收益（Boudreau，2012；Wen & Zhu，2019）。已有研究表明，限制或鼓励数字创业者接入平台，以及限制或鼓励数字创业者互相模仿的平台治理机制可能会对数字创业者创新产生重大影响。布德罗和哈其乌（Boudreau & Hagiu，2008）关注了 Atari 治理机制的失误如何导致广泛模仿，并进一步导致平台的衰落。布德罗（2012）研究关注了大量数字创业者进入平台可能如何影响数字创业者的创新产出。

对于平台守门控制会对数字创业者创新产生怎样的影响，存在以下两种不同的观点。

1. 盗版效应

即平台守门控制的一个直接后果就是可能导致盗版问题。但现有的研究仍未关注到盗版这一特定情形对平台数字创业者创新产出的影响。研究认为盗版最突出和最令人担忧的因素是它导致开发新产品和新服务的动力降低，其基本假设是盗版导致收入损失使公司在新产品开发上投资减少，但围绕这一现象的证据并不明确，特别是研究盗版如何影响创新的证据不足。例如，达纳赫和史密斯（Danaher & Smith，2017）发现，尽管盗版并没有导致创作的电影数量减少，但创作的电影类型产生了微妙的转变，从风险较高的电影转向更主流的电影。另外，华特福尔和阿吉亚尔（Waldfogel & Aguiar，2018）发现音乐盗版和音乐分享并没有影响新音乐的供应，这表明盗版对创新没有明确的影响。布拉德利和科列夫（Bradley & Kolev，2023）通过 BitTorrent 发布的计算机软件盗版版本，发现盗版导致公司的研发支出增加，但新产品的发布却明显减少并延迟。

因此，在平台情境下，需要进一步考察平台企业放松守门控制所导致的盗版对数字创业者创新影响的理论边界。一方面，由于盗版被视为以未经创新者授权的方式分发产品，因此在存在盗版的平台市场，用户可以在通过授权渠道购买产品或使用未经授权的产品版本之间作出选择，后者可能定价为零（Conner & Rumelt，1991；Sundararajan，2004）。用户获取非官方产品版本的选择通常是免费的，可能会阻止一些用户购买产品，这意味着盗版导致企业收入损失，预期收入减少，因此创新的可能性降低。另一方面，如果盗版产品的可用性强大到增加用户的消费感知，则盗版未必一定使数字创业者收入减少，这也是先前研究在电影（Peukert et al.，2017）和音乐（Lee，2018）领域所确定的一个重要机制。值得注意的是，增加用户感知收益最多的通常是那些不太受欢迎的产品，而广受欢迎的知名产品很难通过增加用户感知获益，反而更可能会因盗版而失去用户。这意味着盗版会导致知名产品的收入减少，但对非知名产品的影响较小。由于更高的收入与更高的创新激励相关，因此可以预测盗版会导致整体创新水平降低，上述效应对于知名产品会得到进一步强化。综上所述，放松守门控制导致的盗版可能会使得数字创业者整体创新水平下降，同时，与非知名数字创业者相比，上述效应对知名数字创业者显得更加显著。

2. 竞争效应

平台守门控制会对数字创业者创新产生的影响还存在竞争效应。应用创新过程的关键特性表明，在一定条件下，数字创业者的数量与多样性之间应该存在正向的相关关系。首先，越高水平的扩展可能性能够支持更高水平的多样性。平台情境下，放松守门控制所决定的低门槛为多样的数字创业者参与提供了更大的可能。如果没有明显的强制整合趋势，这种多样性有可能持续存在，而这正是符合平台情境特征的，例如，使用共同的开发和分发工具可能会通过公平竞争的方式阻止整合，使得没有一个公司能够获得一家独大的优势。另外，在平台情境中，多样化的专业知识对于创新的重要性也已经得到广泛验证（Baldwin & Clark，2006；Chesbrough，2006）。因此，尽管数字创业者数量与多样性和创新之间的关系还没有得到严格验证，但平台特征进一步加强了上述关系。更进一步，由于消费者具有异质化的偏好，有相当比例的消费者希望能够在应用使用方面获得更高水平的自由度。然而，如果平台无论是出于主动还是被动的原因放松了守门控制，也就是更多的应用能够进入平台，接入平台的门槛更低，其实际后果就是会使得平台内应用的竞争程度大幅度提高，由于用户的选择余地大大增加，这就给了数字创业者供应商更大的压力提升创新水平。

6.3.2 守门控制对平台数字创业者创新的影响

参考已有研究，本书用 App 更新这一指标对应用创新进行测量。从一些主流的 App 可以看出来，版本名称的格式多数是 3 位和 4 位的，每一位的号码含义如下。主版本号：当功能有较大变动（如增加多个模块或者整体架构发生变化），增加主版本号；子版本号：当功能有一定的增加或变化，增加该版本号；补丁版本号：一般是修复 bug 或优化原有功能，还有一些小的变动，都可以通过升级该版本号；日期版本号（build 号）：用于记录修改项目的当前日期，每天对项目的修改都需要更改日期版本号，build 号每次构建的都是都会自增。由于后两个版本号变动不涉及功能变化，因此已有研究主要采用主版本号和子版本号更新测量应用创新。从具体数据来看，首先观察 iOS 平台的所有 1124883 个 App 年样本数据，依据 iOS 14 完美越狱的发布时间即 2021 年 10 月为时间间隔，将全部 App 分为两组，考察完美越狱前（2021 年 10 月以前的 App）与完美越狱后（2021 年 10 月以后的 App）各 6 个月的 App 更新差异。统计分析结果来看，基于完美越狱这一外生冲击时间进行的分组，在应用更新方面表现出了显著性差异（F 统计量为 510.66，$p = 0.000$），完美越狱后的应用更新（均值为 0.407）显著高于完美越狱前的应用更新（均值为 0.374）（见图 6 - 4）。

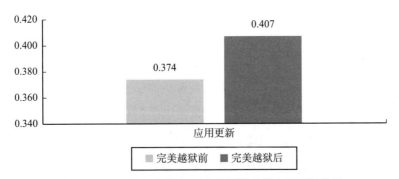

图 6 - 4 iOS 平台全部 App 完美越狱前后应用更新差异

　　在 iOS 平台整体 App 样本的分析基础上，本书进一步考察在不同区域与不同类型 App 中完美越狱对应用更新的影响。在区域方面，同样关注了美国区域范围内的 App，观察 iOS 平台中的美国 10021 个 App 年样本数据，同样依据 iOS 14 完美越狱的发布时间即 2021 年 10 月为时间间隔，将全部 App 分为两组，考察完美越狱前（2021 年 10 月以前的 App）与完美越狱后（2021 年 10 月以后的 App）各 6 个月的应用更新差异。统计分析结果来看，基于完美越狱这一外生冲击时间进行的分组，美国范围内的 App 在应用更新方面表现出了显著性差异（F 统计量为 19.03，$p = 0.000$），完美越狱后的应用更新（均值为 0.491）显著高于完美越狱前的应用更新（均值为 0.439）（见图 6 – 5）。

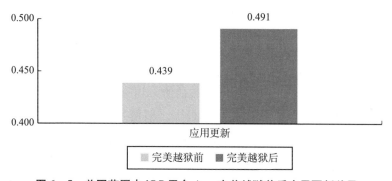

图 6 – 5　美国范围内 iOS 平台 App 完美越狱前后应用更新差异

　　在类别方面，同样观察 iOS 平台中的游戏类 273542 个 App 年样本数据，同样依据 iOS 14 完美越狱的发布时间即 2021 年 10 月为时间间隔，将全部 App 分为两组，考察完美越狱前（2021 年 10 月以前的 App）与完美越狱后（2021 年 10 月以后的 App）各 6 个月的用户应用更新差异。统计分析结果来看，基于完美越狱这一外生冲击时间进行的分组，游戏类的 App 在应用更新方面表现出了显著性差异（F 统计量为 560.69，$p = 0.000$），完美越狱后的应用更新（均值为 0.404）显著高于完美越狱前的应用更新（均值为 0.354）（见图 6 – 6）。

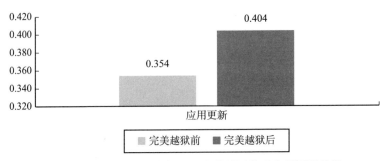

图 6 – 6 iOS 平台游戏类 App 完美越狱前后应用更新差异

本部分研究重点考察了平台守门控制导对数字创业者创新的影响。通过利用黑客作为苹果守门控制的外部冲击，结果表明放松的守门控制导致的竞争效应占主导地位，对数字创业者创新产生显著的正向影响，这可能是平台生态范围内数字创业者多样性增加以及免费产品加入使得同类型产品竞争进一步加剧的结果，进一步说明平台治理机制的战略设计和实施对平台创新引领与价值共创的重要性。我们没有发现与已有研究所提出的盗版减少产品收入的证据，可能的原因是在研究情境中，免费产品占比较大，能够在应用平台直接收费的应用相对很少，即便是收费的应用也大多有替代的免费产品可供使用，因此盗版所导致的应用收入减少的效应并不突出，这是研究情境中的一个重要特点，它确实对盗版能否创造收入减少的条件有所限制，与盗版为企业减少创新动力的条件并不一致。

本章通过两个密切关联的子研究，分别从平台所有者与平台参与者视角探讨了平台治理的重要维度之一即守门控制的治理效应。以 iOS 应用为样本进行实证检验，尤其是通过 iOS 越狱作为外生冲击事件，考察了守门控制与平台用户满意度、数字创业者创新的影响。研究一旨在平台所有者视角下，将声誉与消费者预期框架应用于平台环境，将守门控制作为塑造平台声誉与平台吸引力的驱动因素，以探究平台治理对用户满意度的影响。通过利用 iOS 14 越狱作为苹果守门控制的外部冲击，研究发现放松的守门控制导致 iOS 平台整体的用户满意度下降。研究二旨在平台参与者视角下，将知识产权保护与竞争框架应用于平台环境，将守门控制作为知识产权保护的主要手段，同时作为影响生态范围内竞争的驱动因素，以探究平台治理对数字创业者创新的影响。同样利用 iOS 14 越狱作为苹果守门控制的外部冲击，我们发现放松的守门控制导致 iOS 平台数字创业者的创新水平增加。这一论点和发现表明，平台所有者可以通过平台治理守门控制机制设计来提高用户满意度与数字创业者创新。

综合上述两项子研究的结论，可能作出的研究贡献包括：一方面，平台在守门控制的机制设计上具有极大的裁量权，但已有研究对于放松守门控制所导致的产品竞争的研究仍然不足。本章的研究提供了有关放松守门控制如何影响创新的证据，尤其是从已有研究来看存在两种相互矛盾的备择假设，了解其影响对于研究创新的文献作出了贡献，学者们试图理解界面治理为何会发生以及在哪种情况下可能会产生有利影响（Lieberman & Asaba，2006），这一研究话题在数字情境下显得尤为重要。另一方面，本研究超越了以往侧重于平台所有者、数字创业者与用户之间两两互动的平台治理研究（Claussen et al.，2013；Kretschmer & Claussen，2016；Rietveld et al.，2019），而是研究了三者之间的联动关系可能产生的实质性影响，由此对平台治理效应提出了新的研究视角。整体而言，本章对平台企业守门控制推动创新引领与价值共创的治理路径提供了思路。

第 7 章　平台网络过程治理
及其绩效作用

　　过程治理是指平台所有者根据参与者遵从守门控制以及其他规则与程序的程度，对平台参与者参与平台价值创造活动所提出的过程性控制（Tiwana，2015）。平台所有者对参与者的期望主要体现在，参与者与平台互动的意愿以及互动合作的程度，而不是参与者的市场表现与绩效（Cennamo & Santaló，2019）。过程控制的确立以平台参与者的行为能够被平台所有者观察并监督为前提（Tiwana，2015），这使得平台所有者能够更好地理解参与者的任务内容与实质；以平台所有者对参与者任务完成情况与互动实现水平的客观评价为核心，从而设计并不断调整过程控制规则。尽管现有的研究主要关注分配决策权如何激励数字创业者加入平台并为创造价值作出贡献，最新研究表明这种决策权下放不一定能保证数字创业者会按照平台所有者所期望的方式表现（O'Mahony & Karp，2022）。因此，最新研究越来越关注平台所有者如何采取行动实施过程治理以监管数字创业者活动，但缺少分别针对平台所有者与数字创业者价值共创与创新引领的研究，为此本章分别设计两个相关的子研究，通过对手机平台 App 面板数据的实证分析，分别考察平台隐私控制这一独特的过程控制对平台用户与数字创业者的治理效应。

7.1 平台网络、过程治理及参与者设定

本章的平台企业主要指 iOS 应用平台或 Android 应用平台，参与者主要是指两个平台中的应用以及最终的应用用户，由此形成平台所有者、数字创业者与用户共同形成的平台网络。本章的这些数据同样主要来源于 data. ai（www. data. ai）这一移动计算领域领先的分析公司之一。data. ai 一直在追踪和归档与 iOS 和 Android 平台上开发的所有应用相关的信息，从 Google Play 和 App Store 中累积每日数据，并为用户提供易于使用的工具来分析趋势，目前它的数据已经得到了应用开发者、风险投资公司和金融分析师广泛使用。

平台以互联网技术、大数据分析、智能算法技术为技术支撑，围绕双边网络效应激活、放大以及优化的目标（阳镇和陈劲，2021）。在快速实现平台商业生态系统建构的过程中，一方面与商业生态形成了复杂嵌套（阳镇和陈劲，2021），另一方面则带来了对个人隐私的僭越（Acquisti et al.，2016）、对内部市场的过度整合与操控（Rieder & Sire，2014），以及社会脱嵌（肖红军和阳镇，2020）等负面影响。平台企业以数据作为关键要素（戚聿东和褚席，2021）。然而数据计算中的算法歧视、算法偏见与隐私暴露等数据问题也带来了诸多负面社会问题，平台过程控制中的隐私治理成为平台企业创新过程中的治理焦点（阳镇和陈劲，2021）。

在 Android 和 iOS 的移动应用平台中，追踪用户行为的大规模数据收集是司空见惯的。有些人认为追踪是为了以较低的价格提供应用，并向用户展示个性化广告以及将其数据出售给第三方。然而，追踪对个人和整个社会收益与成本的影响可能是非常不成比例的。为了应对这个问题，苹果公司在 iOS 14 中引入了一个隐私协议（ATT）框架，并强制使用隐私标签，如图 7 - 1 所示。

图 7 - 1　苹果隐私协议

新的数据保护和隐私法律在全球范围内推动了更强大的隐私保护措施在日常技术中的出现，特别是欧盟和英国自 2018 年 5 月起实施的《通用数据保护条例》（GDPR）。GDPR 保护与个人相关的所有数据，并要求对此类个人数据的处理必须有合法依据。这一要求使得通常被视为"高风险"数据处理的应用程序追踪需要获得用户的事先同意。此外，欧盟和英国还于 2009 年颁布了《电子隐私指令》（*ePrivacy Directive*），也要求在电子系统中进行数据处理时必须获得同意。尽管存在这些法律要求，但过去观察到许多从事追踪的应用程序并未寻求所需的事先用户同意。

自 2021 年 4 月起，iOS 14.5 规定 iOS 应用在追踪用户之前必须明确征得其权限。如果一个 iOS 用户要求某个应用停止追踪，该应用将无法再访问广告标识符（IDFA）。IDFA 是操作系统为应用提供的随机唯一标识符，用于跨越单个应用的多个会话和跨应用追踪用户。此外，根据苹果的 App Store 政策，应用程序有责任停止某些追踪行为。在新系统下要求用户是否追踪时，绝大多数用户（60% ~ 95%）选择拒绝追踪。

虽然苹果公司的隐私协议框架（ATT）对用户隐私有潜在好处，但它也大幅增加了苹果公司在 iOS 上的广告份额，并降低了广告的效果。约翰逊等（Johnson et al.，2022）认为，其中一个重要原因是苹果自己的追踪技术可能不符合苹果公司对追踪的定义。许多营销公司已将广告预算从 iOS 转移到了安卓平台，领先科技公司因新政策而造成的损失约为 100 亿美元。苹果公司的隐私变更可能导致付费应用和应用内购买的增加，从而对那些低预算用户产生更大影响（Kollnig，2022）。除了与 ATT 相关的变化外，应用程序开发人员现在还必须自行声明他们从用户那里收集哪种类型的数据以及为何目的，即隐私标签，这些标签旨在让最终用户更容易理解应用程序的数据用途，而无须研究冗长的隐私政策。潜在的风险是许多用户可能会忽视这些新的隐私标签，对安全性产生错误的观念，或者不理解对他们个人隐私的后果。另外，开发人员可能不会自行声明他们的实际数据用途。尽管存在这些担忧，但这些标签有潜力通过增加透明度和最终用户的隐私保护意识来改变开发人员现有的数据使用方式进而甚至商业模式，而这有赖于开发者通过产品创新来实现。基于上述观察，本研究旨在解决以下问题：

平台加强隐私控制是否会影响用户满意度与数字创业者创新？

7.2 平台网络过程治理与用户满意度

平台企业以数据为关键要素，其核心资产主要包括数据、算法、品牌和渠道四个方面。对于平台企业来说，数据已成为平台企业的独特资产，平台企业通过对平台访问数据、交易数据、自我量化数据等（Sánchez-Cartas，2021）多种不同属性的数据进行深入挖掘和分析，并利用算法技术将这些数据利用起来，通过价值判断和引导，直接作为决策工具。另外，平台企业渠道层次多，其覆盖市场范围、品牌价值潜力越大，越可能在竞争环境下持续地保持独特的溢出价值，从而形成更强的企业竞争力。与之相对应的是，平台企业的数据资产以及数据管理方式也将极大地影响依附于平台的数字创业者的数据利用方式甚至商业模式，同时影响平台用户的使用体验与满意度。

7.2.1　过程治理与平台用户满意度的理论关系

苹果在 iOS 14.5 系统推出了 App 跟踪透明度功能，旨在将隐私数据是否向 App 公开的权利交还给用户。该功能给予用户在个人隐私保护方面更多的知情权和选择权，极大地提升了用户隐私的安全性。这项完全着眼于平台用户福利的隐私政策，似乎应该得到广大用户的一致拥护，但用户反馈却呈现出两种截然不同的反应，部分用户表示，不管怎么样，对个人隐私的保护十分重要，一定要严防死守，但也有部分用户并不认同，他们认为虽然这项功能很不错，但也只是减少了广告的关联性，并不会因此减少广告的数量，既然广告推送无法被关闭，不如放开权限，至少能够推送一些自己可能会感兴趣的广告。

一方面，个性化的广告赞助模式使应用能够为用户提供"免费的优质服务"，并且消费者非常看重广告支持的应用所提供的免费服务。例如，最近在欧盟进行的一项研究发现，超过 75% 的欧洲人更喜欢"如今互联网大部分内容免费并带有针对性广告"，而不是没有针对性广告且大部分内容需要付费的互联网。同样地，2020 年进行的一项研究发现，消费者每月将广告支持的免费内容和服务的价值评估为 116.99 美元。[①] 苹果公司的隐私政策变化使得应用开发者会从广告赞助模式转向付费模式进行盈利，这将迫使许多消费者改变自己的偏好，为之前免费的应用付费。虽然消费者可能愿意为某些应用支付适度的费用，但他们不太可能为使用的每一个应用都支付费用。同时也还有很多应用无法完成这个转变，对于继续依赖广告支持的应用来说，用户体验同样可能会下降，因为苹果 iOS 14 的变化将迫使开发者展示不太相关（或无关）的广告。应用几乎无法承受失去 85% 用户的针对性广告。更糟糕的是，由于苹果的变化将大幅减少广告活动优化所

[①]　https：//digitaladvertisingalliance. org/sites/aboutads/files/DAA_files/Consumer－Value－Ad－Supported－Services－2020Update. pdf.

需的数据量，即使向选择加入的用户展示广告（且 IDFA 或其他标识符仍然可用），广告主对广告的需求也会降低，因此给应用开发者带来的广告收入也会降低。

另一方面，消费者具有不同偏好，不同消费者对数据使用控制权的偏好也不一样。然而，尽管苹果公司声称正在实施的隐私协议是为了促进消费者的"隐私"和"选择"，但其实际结果是，这一政策会极大地影响自由的广告支持应用，并推动用户转向收费应用，最终导致他们使用苹果的专有应用和服务。可以合理推测，苹果通过结合收费应用、苹果公司自己的专有应用和服务及一系列其他限制措施，更容易将消费者锁定在 iOS 操作系统之内而失去选择。消费者对移动生态系统中使用其数据的价值判断差异很大，尤其当考虑到为了达到最大程度的隐私，消费者必须牺牲包括免费商品在内的其他他们所重视的东西。苹果公司的方法不仅具有歧视性，而且给消费者带来了二元选择，并以误导性的方式建构了这个选择。许多开发者已经为消费者提供更有效的工具来自主管理其数据的离线使用。例如，Facebook 提供了"离开 Facebook 的活动"功能，允许用户查看共享用户活动的应用和网站，断开与不需要的活动的联系，并关闭以后的活动。① 苹果公司的全盘接受或全部拒绝的方法给消费者提供的选择比这些现有工具更少。因此，消费者可能会有更少的选择来选择应用程序（对于较小的开发者尤其不利），并且剩下的应用程序更多是付费应用，也更容易要求消费者支付费用，这明显减少了消费者选择。

7.2.2　过程治理对平台用户满意度的影响

参考已有研究，本部分研究同样用打开率和累积评分两项指标对用户满意进行测量。从具体数据来看，首先观察 iOS 平台的所有 550614 个 App 年样本数据，依据 iOS 14.5 所包含的 ATT 隐私协议的发布时间即 2021 年 4

---

① https：//www. facebook. com/off－facebook－activity.

月为时间间隔，将全部 App 分为两组，考察隐私协议发布前（2021 年 4 月以前的 App）与隐私协议发布后（2021 年 4 月以后的 App）各 6 个月的用户满意度差异。统计分析结果来看，如图 7-2 所示，基于隐私协议发布这一外生冲击时间进行的分组，在打开率方面表现出了显著性差异（F 统计量为 1068.53，p = 0.000），隐私协议发布后的打开率（均值为 0.085）显著低于隐私协议发布前的打开率（均值为 0.092）；在累积平均评分方面同样表现出了显著性差异（F 统计量为 19.29，p = 0.000），隐私协议发布后的累积平均评分（均值为 4.407）显著低于隐私协议发布前的累积平均评分（均值为 4.418）。

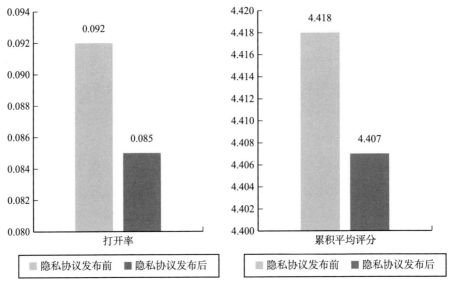

图 7-2 iOS 平台的所有 App 在隐私协议发布前后打开率和累积平均评分差异

在 iOS 平台整体 App 样本的分析基础上，本书进一步考察在不同区域与不同类型 App 中隐私协议发布对用户满意度的影响。在区域方面，首先选取了美国范围内的 App，观察 iOS 平台中的美国 16074 个 App 年样本数据，同样依据 iOS 14.5 所包含的隐私协议发布时间即 2021 年 4 月为时间间隔，将全部 App 分为两组，考察隐私协议发布前（2021 年 4 月以前的 App）与隐私协议发布后（2021 年 4 月以后的 App）各 6 个月的用户满意度差异。统计分析结果来看，基于隐私协议发布这一外生冲击时间进行的分组，美国范围内的 App 在打开率方面表现出了显著性差异（F 统计量为 8.96，$p =$ 0.002），隐私协议发布后的打开率（均值为 0.049）显著高于隐私协议发布前的打开率（均值为 0.045）（见图 7 - 3）；在累积平均评分方面差异不显著（F 统计量为 1.50，$p = 0.220$）。

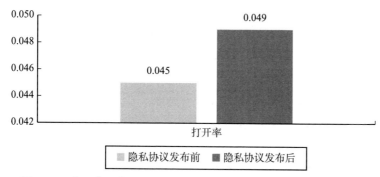

图 7 - 3　美国范围内 iOS 平台 App 在隐私协议发布前后打开率差异

在类别方面，同样选取了游戏类的 App，观察 iOS 平台中的游戏类 27136 个 App 年样本数据，同样依据 iOS 14.5 所包含 ATT 隐私协议的发布时间即 2021 年 4 月为时间间隔，将全部 App 分为两组，考察隐私协议发布前（2021 年 4 月以前的 App）与隐私协议发布后（2021 年 4 月以后的 App）各 6 个月的用户满意度差异。统计分析结果来看，如图 7 - 4 所示，基于隐私协议发布这一外生冲击时间进行的分组，在打开率方面表现出了显著性差异（F 统计量为 1026.53，$p = 0.000$），隐私协议发布后的打开率（均值为 0.026）显著低于隐私协议发布前的打开率（均值为 0.071）；在累积平均评分方面同样表现出了显著性差异（F 统计量为 19.44，$p = 0.000$），隐私协议发布后的累积平均评分（均值为 4.407）显著低于隐私协议发布前的累积平均评分（均值为 4.411）。

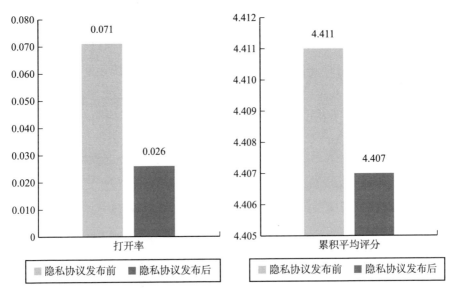

图 7 – 4   iOS 平台的游戏类 App 在隐私协议发布前后打开率和累积平均评分差异

就数据分析结果来看，平台企业实施过程治理的确会对用户体验产生实质性的影响，具体到研究设计来看，通过苹果 iOS 平台发布更严格的隐私协议这一外生冲击事件进行观察，在减少免费应用的同时剥夺了用户的选择，App 用户在打开率和平均累积评分两项指标上都明显表现出较低的用户满意度，由此佐证了本研究对过程治理影响用户满意度的绩效结果。上述结果在 iOS 整体样本与游戏类样本中的数据分析都得到了验证，但是在美国地区样本的分析中没有得到一致的结果，可能的原因是美国作为世界范围内市场经济发展水平最高的国家，同时也是 iOS 的大本营，一方面，整体而言相对于其他区域用户的成熟度水平更高，知识产权保护的意识本来就比较强，美国用户对付费应用与免费应用的认知也相对成熟，已经养成了对应用进行付费的习惯，即便是需要为部分新增应用付费其满意度水平也不会有太大变化；另一方面，美国文化一贯重视用户隐私，即便在 iOS 隐私协议发布以前也更加重视隐私保护，新增的隐私协议对用户的影响相对较小，因此在满意度指标上也出现了不显著的差异。

7.3　平台网络过程治理与数字创业者创新

为了创建一个功能齐全且安全的移动操作系统，操作系统的所有者必须制定一套治理规则来管理生态系统。当这些治理规则实施与调整的过程鼓励竞争和创新时，它们能够为用户创造更多价值。反之一个拥有重要市场地位的操作系统所有者也可能以排除产品和服务供应商、巩固操作系统的市场地位和损害消费者利益的方式来实施与调整治理规则，以这种方式操纵治理规则可能会阻碍创新，对用户价值产生负面影响。

7.3.1　过程治理与平台数字创业者创新的理论关系

对于隐私控制这一平台过程治理会对数字创业者创新产生怎样的影响，同样存在两种不同的观点，一种观点从创新链视角支持隐私控制对数字创业者创新的积极作用。对于数字创业者而言，平台数据已经作为核心技术要素融入企业的创新链。基于数据的技术创新的基本过程包括：数据收集、分类标记、模型迭代和训练，以及将这些技术应用于产品和服务，并在这些过程中进行系统性管理，特别是在基本数据当中进行算法创新，将其用于数据收集、标记和分类等方面时更应该加强技术标准和社会伦理规范，提高技术创新的可持续性和透明度。通过引入多方利益攸关者的参与，大大提高了算法技术创新的透明度，使得部分可以被完全理解和采纳，从而实现技术创新的有效推进。随着数据技术的不断发展，它已经深刻地渗透到企业价值链里，从而改变企业的价值创造的方式。平台商业模式的本质使它们成为重要的隐私监管目标，但目前此类监管有效性明显不足。美国联邦贸易委员会（FTC）于 2013 年为应用商店制定了一些基准规定。他们强烈建议应用平台要求在访问敏感数据时进行即时同意，要求应用开发人员提供隐私政策，并实施全系统的退出数据收集机制。平台隐私协议的改变本质上是数据管理方式的改变，这一改变将极大地影响依附于平台的数字创业者的商业模式乃至创新水平，例如，隐私协议框架出现以前，数字创业者的商业模式比较容易依赖于"杀熟"的方式剥削消费者剩余（阳镇和陈劲，2023）；隐私协议框架出现以后，数字创业者需要根据数据资产不同属性，更多依赖跨界搜索技术（Tiwana，2015）、系统内通用组件及标准设置（Adner，2017）提升创新水平，从而实现价值创造方式的改变。

更进一步，在平台加强隐私控制后，数字创业者面临最直接的影响就是既有的简单商业模式的收入降低，例如，广告收入大幅度减少。此时，如果数字创业者能够成功开发出一款全新应用或大幅度修订现有产品，使用户有理由购买新应用，那么数字创业者就更有创新的动力。这类似于阿吉翁等（Aghion et al.，2005）所描述的竞争躲避效应，即数字创业者为了提高其相对于竞争对手的产品而有创新的动力，从而减少竞争。这一基本概念可以追溯到熊彼特创新的重要观点（Giersch，1984），即企业通常会进行创新以在竞争对手面前取得优势，并不断创新以保持这种优势。竞争躲避效应将对数字创业者创新类型产生直接影响。为了使用户接受更新的应用而不是现有的应用，同时能够弥补产品切换所带来的收益损失，数字创业者必须创建一款相对现有应用具有实质性改进的产品。埃利森和弗登伯格（Ellison & Fudenberg，2000）以早期软件包行业为研究对象，证实了上述策略能够作为公司推动消费者升级到更新产品的有效途径。在此情境下，微小或渐进的创新并不会有帮助，因为消费者不会愿意从免费转化为付费而仅仅只是购买一个渐进改变的版本。这意味着加强隐私控制可能会对微小或增量创新（例如漏洞修复）产生抑制作用，但会显著推动开发全新应用或对既有应用进行实质性改进。

另一种观点则认为，就创新而言，苹果的新政策可能并不会增强隐私保护，反而是会以提升隐私保护的名义削弱了竞争和创新。已有研究显示，即使是非欺骗性的选择加入/退出规则也会对移动广告增加成本。戈德法布和恪（Goldfarb & Que，2023）研究指出由《隐私和电子通信指令》规定的选择加入规则使在线广告的效果降低了约65%，这对广告功能和创新产生了负面影响。同样，在美国，AdChoices 的选择退出计划限制了移动广告的有效性，导致"无法对退出用户进行行为定向，使得每位选择退出的美国消费者损失了大约 8.58 美元的广告支出，这一损失转嫁到了广告商。"关于欧盟《通用数据保护条例》（GDPR）影响的最新研究表明，选择加入机制对创新造成了损失，研究发现 GDPR 对欧洲风险投资的数量和融资规模均产生了负面影响。上述研究表明，选择加入机制必须谨慎进行，以免阻碍创新，降低消费者的福利。

7.3.2 过程治理对平台数字创业者创新的影响

参考已有研究，本部分研究用 App 更新这一指标对应用创新进行测量。与前述研究一致，由于后两个版本号变动不涉及功能变化，因此已有研究主要采用主版本号和子版本号更新测量应用创新。从具体数据来看，首先观察 iOS 平台的所有 1155172 个 App 年样本数据，依据 iOS 14.5 所包含的 ATT 隐私协议的发布时间即 2021 年 4 月为时间间隔，将全部 App 分为两组，考察隐私协议发布前（2021 年 4 月以前的 App）与隐私协议发布后（2021 年 4 月以后的 App）各 6 个月的 App 更新差异。统计分析结果来看，基于隐私协议发布这一外生冲击时间进行的分组，在应用更新方面表现出了显著性差异（F 统计量为 437.51，$p = 0.000$），隐私协议发布后的应用更新（均值为 0.154）显著高于隐私协议发布前的打开率（均值为 0.001）。

在 iOS 平台整体 App 样本的分析基础上，本书进一步考察在不同区域与不同类型 App 中隐私协议发布对用户满意度的影响。在区域方面，首先选取了美国范围内的 App，观察 iOS 平台中的美国 21181 个 App 年样本数据，同样依据 iOS 14.5 所包含的隐私协议发布时间即 2021 年 4 月为时间间隔，将全部 App 分为两组，考察隐私协议发布前（2021 年 4 月以前的 App）与隐私协议发布后（2021 年 4 月以后的 App）各 6 个月的 App 应用更新差异。统计分析结果来看，基于隐私协议发布这一外生冲击时间进行的分组，美国范围内的 App 在应用方面表现出了显著性差异（F 统计量为 197.04，$p =$

0.000），隐私协议发布后的应用更新（均值为 0.191）显著高于隐私发布前的应用更新（均值为 0.001）（见图 7-5）。

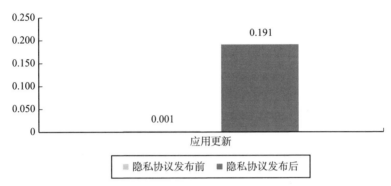

图7-5 美国范围内 iOS 平台 App 在隐私协议发布前后应用更新差异

在类别方面，同样选取了游戏类的 App，观察 iOS 平台中的游戏类 52434 个 App 年样本数据，同样依据 iOS 14.5 所包含 ATT 隐私协议的发布时间即 2021 年 4 月为时间间隔，将全部 App 分为两组，考察隐私协议发布前（2021 年 4 月以前的 App）与隐私协议发布后（2021 年 4 月以后的 App）各 6 个月的 App 应用更新差异。统计分析结果来看，基于隐私协议发布这一外生冲击时间进行的分组，在 App 应用更新方面表现出了显著性差异（F 统计量为 428.91，$p = 0.000$），隐私协议发布后的打开率（均值为 0.153）显著高于隐私协议发布前的打开率（均值为 0.001）（见图 7-6）。

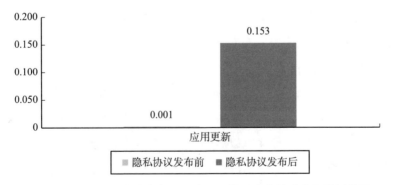

图7-6 iOS 平台的游戏类 App 在隐私协议发布前后应用更新差异

　　本章重点考察了平台隐私控制对数字创业者创新的影响。通过利用 iOS 平台 ATT 隐私协议发布作为苹果隐私控制的外部冲击，结果表明，加强的隐私控制导致 iOS 应用的创新水平提升，这可能是平台改变数据管理方式以及依附于平台的应用调整商业模式与躲避竞争的结果，进一步说明平台治理机制的重要维度之一，即过程治理能够对数字创业者创新产生实质性影响，过程治理也对推动平台创新引领起到了重要作用。

　　本章通过两个密切关联的子研究，分别从平台所有者与平台参与者视角探讨了平台治理的第二个重要维度即过程治理的绩效结果。以 iOS 应用为样本进行实证检验，考察了过程治理与平台用户满意度、数字创业者创新的影响。研究一旨在从平台所有者视角下，将平台加强隐私控制作为塑造用户感知与用户选择的驱动因素，以探究平台过程治理对用户满意度的影响。通过苹果的 iOS App Store 所构建的数据对隐私控制影响用户打开率与累积平均评分的分析检验，结果显示加强隐私控制对用户整体体验产生了负向效应。研究二旨在从平台参与者视角下，将隐私控制作为影响商业模式创新的主要手段，以探究平台过程治理对数字创业者创新的影响。同样通过苹果发布 ATT 隐私协议这一外生冲击事件进行研究设计，结果发现，加强隐私控制整体上有利于推动数字创业者创新水平提升，强化的隐私控制可能由于商业模式变更和竞争躲避效应推动参与者的实质性创新。这一论点和发现表明，平台所有者可以通过平台过程治理机制设计来提高用户满意度与数字创业者创新。

　　综合上述两项子研究的结论，可能作出的研究贡献包括：对于探索平台过程治理机制的现有文献进行了补充和扩展，就平台过程治理机制的消费者福利效应而言，虽然之前的研究已经认识到平台过程机制在用户体验方面的作用，但目前还没有研究同时考察平台过程治理活动中的用户感知和选择效应；就平台过程治理机制的创新效应而言，了解其影响对于研究创新动机的文献作出了贡献，学者们一直试图理解企业在何种情况下有创新动力，尤其是会产生重大创新的动力，由于数字技术变革相较于传统工业有了明显加速，这一研究话题在数字情境下也具有特别的理论和现实意义。

第8章 平台网络关系治理
及其绩效作用

平台已经逐渐成为多主体间共生行为的主要场景，其创新活动的核心在于协同共生的过程（Lusch & Nambisan，2015）。在平台企业实现创新引领和价值共创的过程中，需要解决多主共生行为以实现平台协同，因此需要关系治理在这一过程中发挥作用。关系治理是一种非正式治理机制，它是指平台所有者依赖与参与者共享的规范、价值观等，用以影响参与者行为的程度（Tiwana，2010）。这种治理机制有赖于所有者能否为平台塑造一个集体行动的目标，培养一种共同身份，使得所有参与者都能围绕平台设置自己的目标（Meadows，2008）。关系治理是一种成本最小的治理机制，但由于平台参与者有自身预设或默示的规范与价值观，创造基于共同价值的关系控制并非易事，需要适宜的治理工具。平台网络关系治理作为非正式治理机制，对包括界面规则、过程治理在内的正式治理机制进行补充，在平台多主体的独特情境下显得尤为重要。

首先，就多主体间关系而言，由于共生性是平台多主体间的典型特性，多主体在相互依存中形成平台内和平台间的互动关系。其中，平台内关系包括平台所有者与数字创业者之间以及数字创业者彼此之间的多层次互动，例如，平台内资源识别、平台内资源整合、平台内资源配置等，旨在利用平台内多主体间的互补性资源汇集和重组，节约交易成本，优化价值的有效分配，从而维持平台及各主体的稳定运营（Teece，2018）；平台间关系包括平台与平台之间的竞争与合作、平台数字创业者的多栖行为等，旨在通过构建多个平台间稳定的共生关系，推动平台企业的创新引领作用，实现增量型价值创造和价值分配。其次，就多主体关系协同治理机制而言，其核心目标是为解决平台多主体治理参与不足与创新引领乏力等治理困境，分别从互动和互补两个方面深入探讨基于多主体间互动规则和行动准则的关系机制，旨在达成平台内多层次关系协同的整合机制，以及构建平台间多种机制动态匹配的互补机制。最后，平台企业中多主体间关系协同治理有助于平台企业在整个平台生态中发挥创新引领作用，进而推动平台价值共创模式由基于市场下沉和资源重组的连接和匹配型，向平台企业创新引领的创新型价值共创转变。

8.1 平台网络、关系治理及参与者设定

本章的平台企业主要指 iOS 应用平台或 Android 应用平台，参与者主要是指两个平台中的应用以及最终的应用用户，由此形成平台所有者、数字创业者与用户共同形成的平台网络。本章的这些数据同样主要来源于 data. ai（www. data. ai. com）这一移动计算领域领先的分析公司之一。data. ai 一直在追踪和归档与 iOS 和 Android 平台上开发的所有应用相关的信息，从 Google Play 和 App Store 中累积每日数据，并为用户提供易于使用的工具来分析趋势，目前它的数据已经得到了应用开发者、风险投资公司和金融分析师广泛使用。

就关系治理而言，平台内关系包括平台所有者与数字创业者之间以及数字创业者彼此之间的多层次互动，因此本章分别考察平台间关系研究设定即平台决策权设计的数字创业者多栖效应，以及平台内关系研究设定即数字创业者关系的创新效应。

8.2 平台间关系治理的多栖效应

平台间关系包括平台数字创业者的多栖行为，多栖是指数字创业者的

跨平台生存和发展，例如，一个开发者在 iOS 平台发布的应用程序同时在 Android 平台发布，可以以此实现跨平台规模经济效益。数字创业者的多栖决策是平台所有者不愿意看到的，这将削弱平台从网络效应中获得的优势和差异化的市场地位，因此从平台间关系的视角研究关系控制对数字创业者的多栖行为影响具有重要的理论与现实意义。

8.2.1 平台决策权设计与数字创业者多栖行为的理论关系

平台是由若干相互依赖、不同角色主体构成的多边组织，平台内的多主体各自独立但又相互依赖进而实现价值主张（Adner，2017）。平台的功能可以由数字创业者利用平台的标准化接口以创建数字产品的方式进行扩展（Gawer & Cusumano，2014），因此平台组织的核心逻辑在于有效利用分布式的创新能力和专业化经济效益（Cennamo & Santaló，2019）。研究者认为，平台所有者应该努力吸引越来越多的数字创业者，因为数字创业者是平台间接网络效应的源泉（Cennamo & Santaló，2013）；同时防止他们向竞争对手平台提供相同的产品即多栖行为（Landsman & Stremersch，2011），因为数字创业者的多栖行为将削弱平台从网络效应中获得的优势以及其差异化的市场地位（Bakos & Halaburda，2020）。数字创业者常常有多栖的积极性，因为多栖一方面可以实现跨平台规模经济效益（Landsman & Stremersch，2011），相对于多栖所产生的产品开发成本，扩大市场影响力所带来的回报可能是更显著的（Corts & Lederman，2009）；另一方面还有助于使数字创业者应对平台所有者的剥夺风险（Huang et al.，2013）。值得注意的是，数字创业者多栖并非易事。现有文献表明，数字创业者面临的多栖成本主要来自平台的技术和治理设计（Jacobides et al.，2018）。尽管先进的技术架构对于平台所有者来说是差异化和竞争优势的来源，但它同时有可能限制可用的内容并降低多栖数字创业者产品的质量（Anderson et al.，2014；Ozalp et al.，2018）。这是由于将现有的产品重新匹配于更先进的架构设计会带来显著的开发成本，而这些成本通常是不可规避和压缩的，因此可能会阻碍潜在的数字创业者。由此可知，数字创业者产品匹配平台相关的定制成本可能是多栖决策核心逻辑，而这一成本与平台治理存在密切的关系。

平台所有者为数字创业者和其他生态系统参与者设定治理规则来实现这一点（Thomas et al.，2014），以推动平台生态系统运作协调统一（Gawer & Cusumano，2008）。平台治理规则涉及多种机制，在本研究中主要考虑平台与数字创业者在技术接入、扩充或分发平台技术的决策权分配（Chen et al.，2020；Karhu et al.，2018；Tiwana，2015），将其视为影响数字创业者多栖行为的平台匹配成本的主要治理机制。在既有文献中，决策权分配体现了平台关系开放与封闭的程度不同，开放的治理设计意味着平台所有者下放决策权（Boudreau，2010），这将为采用该平台的数字创业者带来更多自主权（Eisenmann et al.，2009；Wareham et al.，2014）。专业化的数字创业者从不同的细分市场视角了解平台用户，开放的治理设计能更好地实现专业化以满足用户的多样化需求，从而提升平台生态系统的整体价值主张（Parker & Alstyne，2017）；反之，封闭的治理设计强调平台所有者对平台决策权专有控制（Schilling，2009；West，2003）。但开放与封闭并不是一个"二选一"的决策，而是需要平台所有者在决策权谱系决策上进行的战略折中，这也是平台治理研究的一个核心问题（Karhu et al.，2018）。

平台可能在不同时点展现出从完全开放到完全封闭的各种不同治理设计（Chen et al.，2020；Schilling，2009），在更开放的平台上，平台所有者将更多的决策权下放给数字创业者，并允许他们维护平台接口（Eisenmann，2008；Eisenmann et al.，2009）。当前，关于平台开放治理的研究主要关注给予数字创业者直接访问权限以及平台所有者作为自利的协调者规范数字创业者行为（Eaton et al.，2015；Parker & Alstyne，2017；Rietveld et al.，2020）。本研究从平台间关系控制的视角，借鉴生态系统理论来探讨平台决策权治理设计对数字创业者跨平台多栖行为的影响。

已有研究提出，平台越封闭意味着平台所有者的决策权越集中，从平台架构来看则平台的复杂性水平越高。平台复杂性是指相互依赖的组成部分之间的结构，在平台架构中主要用需要互动以实现价值主张的独特组件数量进行定义（Kapoor & Agarwal，2017）。独特组件越多，数字创业者所面临的平台复杂性就越高。已有研究认为平台复杂性根植于平台所有者和数字创业者之间开放与封闭的决策权分配（Eisenmann，2008）。例如，考虑智能手机平台，更开放的决策权分配将平台供应的角色委托给智能手机制造商（Eisenmann et al.，2009），Android 的开放平台允许手机制造商，如三星和小米不仅生产和分销基于 Android 的设备，还可以通过重新编程来管理应用程序开发者和消费者之间的接口。这导致 Android 手机在外形尺寸和特色功能上具有多样性，这也导致同时存在多种差异化、非标准化的 Android 操作系统版本（Karhu et al.，2018）。每个操作系统版本和手机的配置构成了一个独特的平台接口（Kapoor & Agarwal，2017）。不断增加的独特接口数量导致智能手机平台中的相互依赖结构更为复杂（Garud et al.，2002）。

平台更开放的决策权增加了硬件设备的差异性，也增加了数字创业者面临的平台复杂性，由此导致硬件生产商与数字创业者由于相互冲突的目标而匹配难度更高：硬件生产商寻求提升市场上的差异化水平，而数字创业者追求以最小的边际成本扩大市场覆盖。为了同时服务多个平台硬件设备，数字创业者必须对现有产品进行重新配置，以适应目标平台硬件的规格，特别是适应新的平台接口（Agarwal & Kapoor，2019）。数字创业者需要定制化的独特接口数量越多，其在产品重新设计中面临越复杂的权衡。与一个接口良好交互的设计可能在与另一个接口存在兼容性问题，这极大地增加了数字创业者特定的学习和适应成本（Jacobides et al.，2018）。因此，数字创业者很少将现有的产品定制到更复杂的平台。由此可以推测与数字创业者原有平台相比，目标平台决策权越集中，数字创业者多栖的可能性越低。

8.2.2　平台决策权设计的数字创业者多栖效应

数字创业者多栖的主要原因之一是为了避免过度依赖某一单一平台（Tiwana，2015）。对于开发者来说，Android 一直以来是最大的平台，因为 Android 设备的出货量远远超过了 iOS，这一差距持续扩大，目前 Android 在全球智能手机市场占据了约 75% 的份额。根据平台的不同定位，iOS 和 Android 在市场占有率和利润之间存在差异（Cennamo，2019），但对于应用开发者来说，两者都提供了同等的具有吸引力的机会。因此，iOS 和 Android 研究背景适合本研究关注的数字创业者多栖行为。

基于 App Annie 提供的信息选择了两个平台中新推出的应用程序。最终样本包括 9725 个 iOS 应用程序和 5782 个 Android 应用程序，它们均在 2020 年推出。当谷歌推出了 Android 版的 Google Play 手机后，安卓平台碎片化问题得到了一定程度的缓解。通过定向收集这些应用程序从发布到 2021 年底的多栖行为。参考卡普尔和阿加瓦尔（Kapoor & Agarwal，2017）的方法，我们考察月度数据以平滑数据波动。最终的数据集包括 15507 个应用程序的 186084 个月度观察值。

就平台决策权集中度而言，苹果公司对硬件规格完全控制，而在 Android 生态系统中，应用开发者可以根据不同的 Android 版本和硬件规格来定制他们的应用，三星、小米、OPPO 以及 VIVO 等手机制造商也可以推出各种尺寸、功能和性能不同的设备，因此对平台决策权集中度的测量我们参考卡普尔和阿加瓦尔（Kapoor & Agarwal，2017）的方法，将 iOS 平台系统视为决策权集中的平台，而将 Android 平台系统视为决策权分散的平台。就数字创业者多栖行为而言，应用开发者将同一款产品同时发布在 Google Play 和 iOS App Store 上被称为多栖。我们研究了应用开发者在初始发布后是否在对手平台中推出相同应用的多栖行为，对多栖行为通过虚拟变量进行测量，如果一个应用从初始发布到 2021 年 12 月 31 日之间在多个平台中出现，则视为其产生了多栖行为。最终样本中包含 5102 个单一平台应用和 10405 个多重平台应用，其中有 9627 个应用首先在 iOS 上发布，另外 5880 个应用首先在 Android 上发布。就首发来看，选择 iOS 平台首发的应用占比为 62%；就多栖比例来看，首发选择 iOS 平台一年内产生多栖行为的应用数量为 5937 个，占比为 61.7%；首发选择 Android 平台一年内产生多栖行为的应用数量为 4462 个，占比为 75.9%，可以看出首发选择 iOS 平台一年内产生多栖行为的应用比例远远低于首发选择 Android 一年内产生多栖行为的应用比例。

我们进一步观察了应用产生多栖行为的时间，平均而言，首发选择 Android 平台发布的应用开发者将同一应用移植到 iOS App Store 上所花费的时间较短（均值为 4.14 个月），相比之下，从 iOS 移植到 Android 的时间较长（均值为 6.26 个月），可以看出首发选择 iOS 平台的应用作出多栖决策的时间更长。整体而言，首发选择 iOS 平台一年内产生多栖决策的应用比例更低，决策时间更长，这在一定程度上支持了我们的推测，即目标平台决策权越集中，数字创业者多栖的可能性越低。

8.3 平台内关系治理的创新效应

在基于平台的生态中，数字创业者创新是实现价值创造的主要方式，数字创业者利用平台向用户提供互补创新的产品和服务（Gawer & Cusumano，2002；Boudreau，2010；Zhu & Iansiti，2012）。尽管人们普遍认为数字创业者围绕平台开展创新是平台成功的重要驱动因素，但数字创业者的创新实现有赖于平台中技术架构以及基于平台技术架构的互补关系（Adner & Kapoor，2010；Adner，2017；Kapoor，2018；Jacobides et al.，2018）。

8.3.1 平台内互补性与平台数字创业者创新的理论关系

基于平台的生态系统往往包括一个平台所有者和许多利用平台创新从而获取价值的数字创业者。这一平台代表了一个底层的技术体系结构，以此为基础，数字创业者可以在这个基础上构建他们的产品，并将它们提供给平台的用户。加威尔（Gawer，2014）提出在现有文献中研究此类平台存在两种不同方法，一种方法是关注通过网络效应或多方市场创造价值的平台（Katz & Shapiro，1986；Rochet & Tirole，2006）；另一种方法将平台作为模块化架构，通过生态系统内的互补促进创新（Gawer & Cusumano，2002）。

最近的研究从平台与数字创业者关系的视角考虑了平台治理对数字创业者创新的影响，包括平台开放性（Boudreau，2012），平台所有者进入数字创业者业务领域（Gawer & Henderson，2007）。本部分研究尝试通过从平台内关系治理的视角来研究数字创业者创新，具体而言，平台生态系统研究强调平台技术架构和互补性关系是影响数字创业者绩效的重要因素（Adner & Kapoor，2010；Adner，2017；Kapoor，2018；Jacobides et al.，2018，Baldwin，2018a），在本研究中体现为数字创业者在平台生态系统中利用互补性的不同方式如何影响其自身的创新水平，以此体现平台内关系治理的创新效应（McIntyre & Srinivasan，2017）。

模块化和互补性是平台生态系统发挥作用的必要条件（Jacobides et al.，2018）。模块化架构允许不同的参与者在生态系统中创新和生产不同的组件，而无需大量的协调。这些组件之间的互动会受到不同类型的互补作用的制约，两个组件之间的互补性如果强，则如果没有与另一个组件的互动，该焦点组件很难产生独立存在价值（Hart & Moore，1990）。两个组件之间的互补性也可以是超模块化的，这样焦点组件的价值就会随着其他组件的改进而增加（Milgrom & Roberts，1990）。平台的模块架构主要具有以下三类特征。

第一，平台的模块架构存在一个核心模块，任何数字创业者所开发的产品都需要与平台核心模块相连，与核心模块的连接是数字创业者参与平台的先决条件，即在缺乏核心模块的情况下，数字创业者所开发的产品无法实现独立价值；另外，平台价值也表现出超模块互补性，即平台价值随着更多和更加优秀的产品出现而增加。

第二，平台的模块架构也包括一些附近组件，数字创业者所开发的产品也可以连接到平台的附加组件，这一连接不存在严格互补性，即与附加组件的连接并不是参与平台的必要条件。平台公司通过集成附加组件与核心模块增强其对终端用户的实用性，这一集成方式也是平台的核心特征，即平台通过这一集成方式并与其他平台区分开来（Eisenmann et al.，2011）。平台可以使用这种集成方式来验证新的功能，以决定哪些附加组件可以合并到核心模块中。例如，在视频游戏平台中，游戏控制台由一个核心模块组成，该核心模块包括中央处理单元、图形处理单元、内存控制器和视频解码器，同时包括一些附加组件，如运动检测器、摄像机以及蓝牙等。参与微软或索尼游戏平台的游戏开发者需要将自己的游戏与核心模块连接起来，以完成基本的游戏呈现；开发者还需要管理附加组件，以利用其赋予的功能进行设计。

第三，除了平台和数字创业者所开发的产品之间的"轮辐式"模块接口，平台还需要开放产品之间的接口模块，这种模块可以使数字创业者所开发的产品之间相互连接。例如，在 iPhone 的 iOS 平台中，部分应用程序可以与谷歌地图应用程序连接，以实现导航功能；在亚马逊云服务平台中，数字创业者所开发的产品利用彼此在安全、网络、存储、数据库和人工智能方面的优势，为用户提供一个集成的解决方案。

因此，我们将平台内互补性分为数字创业者所开发的产品与平台连接形成的互补性与产品之间连接形成的互补性。就产品与平台连接形成的互补性而言，我们认为能否充分利用平台组件赋予的互补功能是影响数字创业者价值创造的重要因素，高平台连接性对用户的效用可能更高。当然数字创业者利用平台组件创造价值有赖于得到用户认可（Toh，2023）。平台公司集成核心模块与附加组件，数字创业者与附加组件连接意味着能够实现的附加功能越多，用户也更容易受益于多样化的互补功能（Rogers，2003）。因此，在其他条件相同的情况下，我们推测产品与平台连接水平越高，则数字创业者创新水平越高。

就数字创业者所开发的产品之间连接形成的互补性而言，如果产品能够与平台中的其他产品相连接，它就具有高产品连接性。首先，与其他产品之间的连接可能能够给予用户额外的功能和好处，这也正是前述超模块化的体现，即焦点组件的价值就会随着其他组件的改进而增加。例如，移动设备笔记应用有道笔记的用户可以在与其他云存储应用（如百度云）连接时受益，因为他们不仅可以创建笔记以实现应用的主要功能，还可以与其他用户共享笔记，或者作为附加的捆绑功能跨设备共享笔记。其次，获得其他产品提供的专业技术可以进一步增加自身的学习水平和创新思维，由此进一步提升创新水平（Baldwin & Clark，2006；Boudreau，2012）。最后，独自开发应用技术可能成本高昂且具有极高的不确定，通过利用其他产品提供的现成互补技术，数字创业者自身创新成功的可能性也更大（Adner & Kapoor，2010；Kapoor & Furr，2015）。据此推测，与其他产品连接的产品比只与平台连接的产品更容易创新。

8.3.2　平台内互补性对数字创业者创新的影响

本研究的背景设定为苹果的 iOS 平台，考察 2018—2022 年加入该平台的美国市场应用软件 App。数据的主要来源是领先的移动智能公司 App Annie。我们确定了从 2018 年 1 月至 2022 年 12 月美国市场推出的 1670 个独特应用。针对每个应用，我们收集了其应用类别、发布日期、文本描述、内容评级、语言、应用大小、下载价格、应用内购和用户评级等信息。此外，我们还获取了应用所使用的 SDK 以及所有版本更新等补充信息。

就数字创业者所开发的产品与平台连接形成的互补性而言，我们主要考察应用使用平台 SDK 的水平。SDK 是应用开发的技术模块集合，可在生态系统的技术平台上使用（Tiwana，2015）。应用开发者在开发应用时使用 SDK 来添加所需的功能。如果不使用 SDK，开发者必须为每个平台生态系统从头编写一个应用程序。通过嵌入式数字功能，SDK 可以执行一系列有吸引力的功能。平台所有者例如 iOS 的所有者苹果公司通常提供基本平台资源，如代码库，同时也已成为 SDK 的主要供应商。为了创造更多价值，SDK 提供商通常会提供跨平台组件，以允许应用以最小边际成本在多个平台生态系统中执行相同的功能（Corts & Lederman，2009；Ozalp et al.，2018），因此应用越多平台所有者自有的 SDK 表示与平台的连接水平越高。从具体数据来看，本部分研究关注了美国区域范围内的 iOS App 年样本数据，依据某一特定应用使用应用归属平台苹果公司 SDK 的数量是否高于全部应用使用苹果公司 SDK 的均值，将全部 App 分为两组，考察高苹果公司

SDK 组（使用苹果公司 SDK 数量高于均值）与低苹果公司 SDK 组（使用苹果公司 SDK 数量低于均值）整体的 App 更新差异。统计分析结果来看，基于数字创业者所开发的产品与平台连接形成的互补性进行的分组，在应用更新方面表现出了显著性差异（F 统计量为 21.32，$p = 0.000$），高苹果公司 SDK 的应用更新（均值为 3.359）显著高于低苹果公司 SDK 的应用更新（均值为 3.122）（见图 8 – 1）。

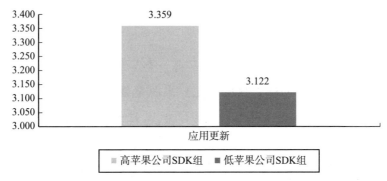

图 8 – 1　iOS App 高低苹果公司 SDK 与应用更新差异

就数字创业者所开发的产品之间连接形成的互补性而言，我们根据应用程序是否利用 iPhone 平台中其他应用程序的功能来定义与测量应用程序的互补连接性。这需要检索每个焦点应用程序的应用描述，并捕捉描述中包含的任何其他应用程序的名称来完成。如果应用程序开发者在应用程序的描述中提到其他应用程序，则表明它正在利用这些应用程序提供的功能。我们随机选择了 100 多个分布在不同应用程序类别中的应用程序进行了检索。例如，其中一个应用程序 WPS 在其描述中说明了与其他应用程序如 Dropbox、Box 和 Google Docs 等的连接性。即 "..WPS 支持 Dropbox、Box、Google Docs、Skydrive、WebDAV 等主流网盘..."。在数据集中，约有 29% 的应用程序与至少一个其他应用程序相连，这表明应用程序开发者利用超模块互补的现象比较普遍（Baldwin，2018a）。从具体数据来看，本部分研究同样关注了美国区域范围内的 iOS App 年样本数据，依据某一特定应用是否与至少一个其他应用程序相连，将全部 App 分为两组，考察有产品连接性组（某一特定应用与至少一个其他应用程序相连）与无产品连接性组（某一特定应用没有与任何一个其他应用程序相连）整体的 App 更新差异。统计分析结果来看，基于产品连接性进行的分组，在应用更新方面表现出了显著性差异（F 统计量为 17. 21，$p = 0.000$），有产品连接性组（均值为 3. 235）显著高于无产品连接性组（均值为 3. 016）（见图 8 – 2）。

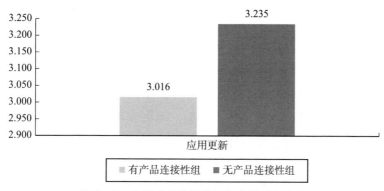

图 8 – 2　有无产品连接性组与应用更新差异

　　本部分研究探讨平台关系治理的绩效作用，重点考察了平台间关系治理的多栖效应与平台内关系治理的创新效应。就平台间关系治理的多栖效应而言，尽管从平台所有者的角度来看，更开放的设计可能更有利，但它可能因平台复杂性加剧不同参与者之间的摩擦。从数据分析的结果可以发现，数字创业者在更复杂的平台中进行多栖的定制成本更高。由于多栖对于市场拓展至关重要，平台治理设计可能对初创公司的数字创业者的生存和增长产生关键影响。将平台治理置于平台多边互动的核心位置，研究结果使我们对于决策权设计和数字创业者的平台扩展成本之间的相互作用有了新的认识。就平台内关系治理的创新效应而言，一项特定应用通常难以独自创新，而是与平台中的其他元素相互关联，这种平台内关系会显著影响其创新水平。本研究使用这一前提来解释平台内关系治理对数字创业者创新的影响。我们引入了连接性的概念，用于描述应用与平台（即平台连接性）以及与其他产品（即产品连接性）的互动程度。数据分析结果显示，更高的连接性可能使应用能够充分利用平台内更广泛的关系实现创新。

综合上述两项子研究的结论，可能作出的研究贡献包括：一方面，丰富了平台治理的文献，以往关于治理的研究主要围绕合同和制度安排展开，研究的结论表明，开放程度更高的治理设计虽然有利于推动平台成长，但也可能会导致数字创业者面临更高水平技术复杂性，这就为平台所有者在平衡多样性与复杂性的方面提供了启示。另一方面，本研究也拓展了平台企业生态系统的价值共创研究，即数字创业者的价值创造受到平台生态系统中的技术架构和互补性的影响（Adner & Kapoor, 2010; Adner, 2017; Kapoor, 2018; Jacobides et al., 2018; Baldwin, 2018）。通过考察数字创业者如何利用平台企业中的不同连接类型，本研究提出了一个平台内关系治理作用下结构和互动关系如何相互作用来塑造数字创业者价值创造的新颖视角。

第9章 创业网络治理的管理重点与决策挑战

利用"创业板上市企业联盟网络数据库"的编码数据与"平台生态系统数据库"的动态跟踪数据，我们着重分析了创业企业联盟网络股权与非股权治理及其绩效作用、平台网络界面治理、过程治理与关系治理影响平台参与者的作用差异（包括平台用户满意度、数字创业者行为以及数字创业者创新）等重要且有趣的问题。在数据分析结论基础上，我们凝练出重要结论以及可供新创企业借鉴的管理启示。

9.1 创业联盟网络股权治理及其绩效作用

创业企业以其自身为焦点企业构建联盟组合形成创业联盟网络，在联盟网络合作过程中采用股权治理如何影响创业企业绩效是本书关注的重点问题之一。

基于创业企业在其自身构建的联盟组合中采用股权治理情况分析，可以发现创业企业联盟网络股权治理影响对企业的绩效表现产生了实质性影响。

1. 从财务绩效来看

首先，创业企业所面临的资源约束必定会使其在联盟关系中的股权变动更为谨慎，创业企业愿意采用股权治理的方式，意味着从企业动因方面来看企业更加看重特定合作关系的稳定以及合作绩效的可预测性，从实际合作方面来看更加看重特定联盟关系的行动一致性以及资源互补所产生的协同持续时间，这就使得创业企业联盟网络整体更容易创造出价值同时保持一定的灵活性，应对外部环境变化的能力也更强。研究结果表明，采用股权治理使得创业企业在营业收入与净利润等财务绩效方面有更好的表现，的确为焦点创业企业带来了现实的竞争优势，这进一步说明创业企业希望通过股权治理谋求业绩成长。

其次，由于创业企业的资源约束，在联盟网络情境下如何选择特定的股权治理对象，以及如何设定联盟组合中实施股权治理的比例成为更加重要且有趣的问题。研究结果表明，创业企业在自身所构建联盟组合中实施股权治理的比例越高，其营业收入越低同时管理费用也越低，该结果比较准确地符合我们对股权治理效应的预测，因为营业收入是企业经营业绩最现实的反应，重视股权治理强调的是未来长远利益，往往会损失当期的短期收益，而管理费用则更好地体现了契约治理优势，即有效降低机会主义行为所产生的治理成本。

2. 从企业创新来看

联盟网络股权治理对于企业创新的积极效应，主要表现在其对企业申请著作权、专利等创新活动上。首先，研究结果表明，相比没有股权治理的情况，采用股权治理的创业企业，在研发支出、研发技术人数、研发技术占比等所有创新投入指标都更高，这完全符合股权治理特征，即采用股权治理的创业企业为了支持特定交易进行的持久性投资，更多为特定的合作或供应关系投入的专用设备、工具、人力资本和生产能力等，因此采用股权治理的创业企业更愿意进行创新投入，创新投入水平自然也就更高。更进一步，与之伴随的创新资源获取更容易，创新过程风险更低，最终的专利数量等创新绩效指标方面也的确呈现出更好的结果。

其次，股权治理创新效应同样面临如何设定联盟组合中实施股权治理比例的问题。研究结果表明，在创新投入方面，联盟网络股权治理的创新投入优势同样得到了数据支持，该结果也符合创新投入的基本逻辑，但是在创新产出方面，专利数据则呈现出比较典型的倒 U 型特征，即在联盟网络情境中，布局中等水平的股权治理更有利于焦点创业企业的创新产出。这种差异说明，创新产出有其自身内在规律，采用股权治理模式的水平并不是越高越好，当创业企业着眼于创新产出时更应当强调采用适度的联盟网络治理水平。

已有的数据分析结果体现出联盟网络股权治理与企业业绩间比较清晰的内在关系，企业业绩通过财务绩效与创新水平两方面体现，能够给创业企业"是否"采用股权治理、布局"多少"股权治理以及引入"业绩后果"为何等一重大战略决策提供借鉴：就"是否"问题而言，股权治理在一定程度上有助于创业企业增加营业收入，而对其净利润水平提升无法产生立竿见影的效应，也就是说有利于创业企业规模扩大但无助于其经营质量提升；同时"是否"问题在创业企业创新水平方面能够得到更明确的结论，"有"的企业无论是创新投入还是创新产出都优于"无"的企业。就"多少"问题而言，"多"的收益更多体现为治理成本的降低，而其现实的规模扩张反而受损；同时"多少"问题在创业企业创新水平方面的结论也更加复杂，"多"的企业创新投入确实更多，但创新产出却不会呈现简单的线性关系。就"业绩后果"问题而言，联盟网络股权治理对企业财务业绩和创新水平都会产生显著而直接的作用，值得企业家尤其是创业者认真思考和对待，在不同的创业企业成长阶段，主导目标是不一样的，因此需要采用适应性的联盟网络股权治理策略。

9.2 创业联盟网络非股权治理及其绩效作用

创业企业联盟网络非股权治理主要通过对联盟管理能力的塑造得以实现，同时作为股权治理的重要补充发挥作用，因此在联盟网络合作过程中

采用非股权治理如何影响创业企业绩效同样值得关注，研究发现基于联盟
管理能力将非股权治理分解的联盟网络学习、联盟知识吸收、联盟过程管
理三个具体治理策略对创业企业都产生了重要作用。

9.2.1　联盟网络学习影响企业业绩

联盟网络学习对创业企业绩效的作用主要通过跨组织边界的知识转移
得以发挥。

1. 从财务绩效来看

首先，联盟网络学习是当今企业在市场上寻求持续竞争优势的源泉，
同时通过发展学习行为组织规范提升企业的竞争优势。研究结果表明，采
用联盟网络学习使得创业企业在基本每股收益等财务绩效方面有更好的表
现，同时在营业收入、净利润、净资产收益率、总资产等其余绩效指标方
面也均呈现出更好的结果，说明创业企业能够通过探索与组织现有能力与
资源相关的知识改进并提升企业自身绩效，也支持了已有研究关于联盟网
络学习的资源效应。

其次，联盟网络学习不是僵化的固定模式，不同方式的组合是否以及
如何发挥作用成为更加重要且有趣的问题。通过对培训课程、现场指导、
提供技术专利、提供人才支持以及其他总计五种学习方式多样性测算，研
究结果表明，善于利用不同学习方式组合优势的企业在营业收入与净利润
表现更好，这一结果体现出社会网络的本质优势，即利用互联网与信息技
术开放联盟网络，引入多类型的联盟伙伴，形成多样化联盟网络学习方式
对企业经营业绩更为有利。

2. 从企业创新来看

如果说联盟网络学习对企业财务绩效的影响还相对间接，对企业创新
的影响就会更加明晰。

首先，研究结果表明，相比没有联盟网络学习的情况，采用联盟网络学习的创业企业，在创新投入方面没有差异，但在创新绩效指标方面呈现出更好的结果，该结果体现出组织间的创新是一系列复杂的、综合的因素相互联系和作用的结果，而系统地利用信息、处理流程和专家技能不断提高企业的创新能力正是联盟网络学习导致企业创新绩效差异的重要原因。

其次，有效利用联盟网络学习不同方式的组合能够使其创新效应更好发挥。实际的数据结果也显示，联盟网络学习方式越多样的企业，其专利数量与发明专利数量两个重要的创新绩效指标方面表现就更好，该结果较好地体现了创新产出的本质，即不同领域的创新以及不同环节的创新对差异化资源与知识的需求，对创业企业而言，创新活动的开展需要其自身具备较高的学习能力来吸收整合上述差异化的资源与知识，因此多样化的联盟网络学习方式既是创业企业学习能力的体现，也实质性地提升了其自身的创新水平。

已有的数据分析结果体现出联盟网络学习及其多样化组合方式是导致企业绩效差异的重要原因，联盟网络学习与企业业绩间存在比较清晰的内在联系，整体而言"能学习""多学习"应该是创业企业着力追求的目标特征，这也符合战略研究对组织学习的既有认知，即组织学习是形成未来公司核心竞争力的重要因素，这对于创业企业的治理策略能够提供比较清晰的借鉴。

9.2.2 联盟网络知识吸收影响企业业绩

联盟网络学习为创业企业外向知识获取提供了机会，联盟网络知识吸收则能将这一机会更有效地变现。

1. 从财务绩效来看

首先，创业企业在联盟网络互动的过程中需要具备的较强的知识吸收能力，才能将组织边界以外的知识内化为自身的知识并发挥其效用。研究结果表明，采用知识吸收这一非股权治理策略的企业在营业收入、净资产收益率与总资产方面等财务绩效方面有更好的表现，究其原因还是在于创业企业在"获取"的基础上能够更有效地将外界引入的知识与资源加以合理利用，从而更适应动荡的外部环境，由此实现企业绩效提升，这对创业企业而言可能是毋庸置疑的。

其次，知识吸收同样具有多种方式，怎样的方式或者是方式组合更适合企业自身特征是更值得关注的研究课题。通过对成立合资公司、成立管理部门、成立管理小组、设立相应的人员以及其他总计五种知识吸收方式多样性测算，研究结果表明，知识吸收多样性水平确实对创业企业的营业收入与总资产等收益类和资产类指标产生了差异化的作用，但两者的关系并不是线性的，过高和过低的多样性水平对企业财务业绩的影响都是不利的，原因在于知识吸收在给企业带来收益的同时也必然产生相应的成本，而这一成本必然反映在企业的财务业绩水平上，对于创业企业而言这一成本显然会被进一步放大，因此企业需要对知识吸收的治理策略进行有效平衡。

2. 从企业创新来看

踩在巨人的肩膀上让我们能够相信知识之于创新的作用显而易见。

首先，研究结果表明，相比没有知识吸收的情况，采用知识吸收的创业企业在创新投入方面没有差异，在创新绩效指标方面呈现出明显不一样的结果，尤其体现在著作权数量上。值得注意的是，著作权法着重于保护形式创新，知识吸收的创新效应主要体现在著作权数量的形式创新，提示企业创新是分层次的，不同类型的非股权治理之于创新的作用同样是差异化的。

其次，有效利用知识吸收不同方式的组合与企业创新投入具有一定的关系。实际的数据结果显示，联盟网络知识吸收越多样的企业，在研发人员数量占比与研发投入占营业收入比重两个重要的创新投入指标方面表现出了显著性差异，应该说这种关系是比较直接的，即愿意采用多种方式进行外部知识吸收的企业往往也意味着愿意进行更多的创新投入。值得注意的是，知识吸收多样性与创新产出方面同样没有发现任何关系，这提示创业企业受限于资源约束，外部知识对自身创新产出影响所占的权重是比较低的，采用产学研合作的创新模式可能对创业企业创新更加直接有效。

从已有的数据分析结果来看，整体而言，知识吸收对创业企业的财务业绩与创新都会产生影响，但对其创新产出的影响并不明显，能够给采用自主研发、产学研合作、外部企业合作研发等不同创新模式的创业企业提供借鉴：在创业企业成长的不同阶段适宜采用差异化的创新模式，着眼于知识吸收的外部企业合作研发的创新产出所需的时间周期更长。

9.2.3 联盟网络过程管理影响企业业绩

制度化的联盟过程管理有利于推动联盟网络合作过程更加顺畅同时克服资源整合中所遇到的障碍，因此联盟过程管理作为非股权网络治理中的又一重要战略要素受到普遍关注。

1. 从财务绩效来看

联盟网络过程管理对企业绩效的影响主要基于联盟网络的对象多样性资源多样性提出，这也是联盟网络及其治理必要性的本质。研究结果表明，采用过程管理这一非股权治理策略的企业在营业收入、净利润方面等财务绩效方面有更好的表现，这是由于对于联盟网络而言，差异化的资源内化是过程管理正向效应的核心逻辑，如果说知识基础观是知识吸收的立论基础，则资源基础理论与资源编排理论强调进行特定的联盟管理规章制度建设，重视联盟合作中的过程管理，强调通过规范流程对关系中的资源与信息进行整合与有效吸收，由此能够对企业业绩产生积极影响。

2. 从企业创新来看

利用联盟网络开展跨越组织边界的开放式创新，可能有助于推动联盟关系稳定以促进合作创新的有效性。研究结果表明，相比没有过程管理的情况，采用过程管理的创业企业在创新投入方面呈现出显著差异，这由创新模式所决定的，即没有过程管理的企业主要采用内部研发的创新模式，在创新投入上就会明显高于采用产学研合作、外部企业合作研发等创新模式的企业。在创新产出方面，研究结果表明，联盟网络过程管理对没有产生实质性的影响，可能的解释是外部知识对自身创新产出影响所占的权重比较低，因此借助过程管理无助于企业创新产出。

3. 从已有的数据分析结果来看

整体而言，联盟网络过程管理对创业企业的业绩能够产生影响，但在财务绩效和创新绩效方面的差异比较明显，具体而言联盟过程管理所产生的资源效率对企业财务业绩提升更有帮助，但是对企业创新不能产生实质性的影响。从企业创新的角度来看，这就能够给采用不同创新模式的创业企业提供借鉴，着眼于内部研发创新模式的企业同样也应该重视拓展联盟网络的创新知识与资源。

综合非股权网络治理的上述结论，对于试图提升财务绩效与创新绩效的创业企业而言，联盟网络学习与知识吸收不仅仅应该关注有无的问题，而更应该重视不同方式的组合，对于联盟网络过程管理作为联盟网络治理的基本制度建设与组织规范，应该引起所有构建联盟关系的创业企业的重视。

9.3 平台网络界面治理及其绩效作用

围绕界面的治理规则设计是平台网络治理的起点，也是平台网络治理的核心维度之一。平台所有者利用预先订立的客观标准，判别什么样的参与者能够接入平台，而搜寻、筛选并接入有价值且高质量的平台参与者显然并不容易，如果标准过于严格可能使得平台失去灵活性，如果标准过于放松则可能导致平台过于分散而失去控制。据此本书着重分析了平台网络界面治理对平台用户满意度与平台数字创业者创新的影响。

9.3.1 平台网络界面治理对平台用户满意度的影响

平台企业的界面治理是平台企业引入参与者实现价值共创的战略决策，在很大程度上影响着平台参与的数量与质量。从这个意义上说，平台企业在平台架构设计的基础上所做的界面治理决策影响着平台用户满意度。基于苹果的 iOS 应用平台，研究 iOS 14 越狱导致放松平台守门控制后针对平台用户的治理效应，发现平台界面治理会对用户满意度产生实质性影响。

从苹果的 iOS 应用平台在放松守门控制前后的用户满意度变化来看，当平台企业放松守门控制后，平台用户在应用打开率和应用累积平均评分两项用户满意度指标上都出现了降低。在随后进行的区域设定和应用类别设定的分析中，美国市场的应用和游戏类别的应用均得到了一致的结论，即平台企业放松守门控制对平台用户满意度产生了不利影响。这说明平台企业放松守门控制一方面可能导致搭便车问题从而降低平台用户满意度，同时还可能降低平台整体的吸引力进而降低平台用户满意度，守门控制作为平台企业界面治理的重要方式之一，的确会实质性地改变平台企业用户体验。

平台用户体验是平台企业极其重视的，毕竟这也会对平台声誉和平台吸引力带来现实的后续影响。对于平台而言潜在的解决方案可能是制订激励计划用于提升用户满意度，这提示平台所有者应注意观察数字创业者所开发的产品的用户满意度和初期市场表现，向选定的产品提供包括营销背书在内的奖励。例如，索尼和任天堂长期以来一直通过选择性合作营销来支持特定的游戏产品，在其各自的 "Greatest Hits" 和 "intendo Selects" 品牌下支持经过平台营销背书的游戏，苹果则是通过在其 App Store 中的 "每日应用程序" 或 "本周最爱" 列表中推荐具有前瞻性价值的应用程序来背书这些应用程序。平台企业可以对符合这一激励计划设置最低要求进行以此促进平台整体的灵活性，然后从符合条件的游戏中进行选择，以此提升参与者的质量。因此，在特定的界面治理规则之下，平台所有者可以通过制定一个在数字创业者所开发的产品效用被揭示后才能应用的标准政策，有效地激励产品质量，最终实现提升用户满意度的目标。基于上述分析，我们为实施平台治理的企业提供的建议是，由于平台情境下"搭便车"的负面效应难以避免，平台企业可以采用一些额外的补充治理策略，例如营销背书一方面约束数字创业者的"搭便车"行为，同时还有利于用户满意度的提升。

9.3.2 平台网络界面治理对数字创业者创新的影响

数字创业者创新是平台企业能否实现创新引领的重要指标，因此如何促进创新是平台实施治理策略的又一关注点。平台企业的界面治理在一定程度上决定平台内数字创业者所开发的产品模仿与竞争的程度，由此可能成为数字创业者创新意愿与行为的驱动因素。同样基于苹果的 iOS 应用平台，研究 iOS 14 越狱导致放松平台守门控制后针对平台数字创业者所开发的产品的治理效应，发现平台界面治理会对数字创业者创新产生实质性影响。

从苹果的 iOS 应用平台在放松守门控制前后的数字创业者创新水平变化来看，当平台企业放松守门控制后，数字创业者所开发的产品在应用更新这一重要的创新指标上出现了显著的提升。在随后进行的区域设定和应用类别设定的分析中，美国市场的应用和游戏类别的应用均得到了一致的结论，即平台企业放松守门控制促进了数字创业者创新。这说明在已有研究所提出的平台企业守门控制可能存在盗版效应与竞争效应中，竞争效应占据了主导地位，因此没有发现放松守门控制可能增加盗版减少产品创新的证据。守门控制作为平台企业联盟界面治理的重要方式之一，的确会实质性地改变数字创业者对平台整体竞争态势的判断，进而改变自身的竞争策略。

上述数据结果可能对于平台企业能够提供以下借鉴。

首先，数据分析结果表明，可以通过平台界面治理来管理数字创业者的竞争水平并塑造他们的创新意愿与行为，缺乏竞争可能会阻碍数字创业者的创新意愿，导致数字创业者陷入知识孤岛而出现创新碎片化。因此，在制定、部署和执行治理策略时，平台企业应当考虑其可能对数字创业者竞争和创新激励的影响。

其次，平台企业可以考虑分层次分类别的平台界面治理策略，以塑造数字创业者的竞争与创新激励。类似于选择性营销背书的做法，平台企业可以动态调整其不同区域与不同类别应用市场的界面标准或执行力度。例如，当某个子类别（游戏应用类别）存在较少的替代性产品时，平台所有者可以放松平台界面控制以增加数字创业者所开发的产品的数量，从而增加竞争与创新激励。

最后，尽管研究结果没有关于不受限制的平台界面治理策略吸引模仿或盗版产品可能会抑制创新活跃度，但这对平台企业依然是应当引起高度重视的，应当通过更细致地监控平台范围内整体模仿甚至盗版产品的数量，当其达到一定的临界值时则应时时调整更严格执行的平台守门控制政策以遏制模仿型产品，从而消除那些担心知识产权利益受损的数字创业者创新激励受损的隐患。

9.4 平台网络过程治理及其绩效作用

由于平台参与者众多，相较于参与者的市场表现与绩效，平台所有者更看重参与者与平台互动的意愿以及互动合作的程度，这就对参与者参与平台价值创造活动的过程提出了要求，主要体现在对平台参与者的行为进行观察并监督。平台企业的过程治理有多个维度，对于数字平台而言，数据计算中的算法歧视、算法偏见与隐私暴露等数据问题是平台企业需要重点关注的过程控制要素，因此本书着重分析了平台隐私控制这一特定的过程治理机制对平台用户满意度与数字创业者创新的影响。

9.4.1　平台网络过程治理对平台用户满意度的影响

在数字时代平台用户的个人隐私越来越难以得到保护，而隐私暴露等数据问题也带来了诸多负面社会问题，但围绕数字平台创业的商业模式在很大程度上又依赖于以用户数据为基础的数据画像，因此如何在对用户数据有效获取与隐私保护过程中取得平衡，这就对平台企业的隐私控制这一核心过程治理策略的有效性提出了很高的要求，它最直接的经济后果就是会影响平台用户满意度。基于苹果的 iOS 应用平台，研究 iOS 14 所发布的隐私控制协议导致加强过程控制后针对平台用户的治理效应，发现平台过程治理会对用户满意度产生实质性影响。

从苹果的 iOS 应用平台在加强隐私控制前后的用户满意度变化来看，当平台企业加强隐私控制后，平台用户在应用打开率这一关键用户满意度指标上出现了降低。在随后进行的区域设定和应用类别设定的分析中，游戏类别的应用得到了一致的结论，平台用户在应用打开率和累积平均评分这两项用户满意度指标上均出现了降低，平台企业加强过程控制对平台游戏用户满意度产生了不利影响。由此说明平台企业的隐私控制双刃剑效应确实存在，看似为平台用户利益着想的隐私保护，由于剥夺了用户的选择同时增加了用户的成本反而降低了用户满意度。值得注意的是，上述结果在美国市场的应用却得到了相反的结果，即平台企业加强过程控制对平台游戏用户满意度的不利影响在美国市场没有发生，这可能的确是与美国市场的成熟度、美国用户的隐私重视密切相关的。由此说明平台企业无论出于何种治理目标加强隐私控制都需要更谨慎，作为平台企业过程治理的重要方式之一，隐私控制的确会实质性地改变平台企业用户体验，但是如果着眼于用户体验而言，对平台用户价值定位的关注度应该排在首要的优先级。

上述数据结果可能对于平台企业能够提供以下借鉴。

已有研究提出，平台企业的隐私控制对用户满意度的影响是存在"双刃剑"效应的，那么平台企业的隐私控制就尤其需要对数字创业者所开发的产品进行分类治理，可以提供的思路除了我们已经分析过的应用类型、区域市场，应该还包括应用的市场地位，即对于市场地位领先的应用而言，他们往往具有信息优势，用户信息相对可能没有那么重要。例如，Facebook已经从其用户群中收集了大量数据，这意味着即便受到更严格的隐私控制，获取的额外数据可能也不那么重要，在这种情境下，不具有市场领先地位的应用可能就会因为没有大规模的用户群而失去竞争力。另外，如果我们考虑重叠效应，也就是说具有领先市场地位的应用在已经吸引了许多用户之后，要想进一步提升用户满意度就更困难，因此更需要获得更精准的用户数据为其提供更准确的服务定位，此时更严格的隐私控制可能就会对其用户体验产生不利的影响。

9.4.2 平台网络过程治理对数字创业者创新的影响

相对而言，平台隐私协议主要针对的是数字创业者的过程控制，对数字创业者的行为会产生更直接的影响，而平台对数字创业者行为关注的重点是数字创业者的创新水平。另外，由于互联网平台采取隐私控制是有过多次重要节点，而类似苹果所发布的隐私协议也并非首创，已有研究一直都将隐私控制对互联网平台数字创业者创新的影响视为平台过程治理的焦点问题。同样基于苹果的 iOS 应用平台，研究 iOS 14 所发布隐私协议框架导致加强过程控制后针对数字创业者的治理效应，发现平台过程治理会对数字创业者创新产生实质性影响。

从苹果的 iOS 应用平台在加强隐私控制前后的数字创业者创新变化来看，当平台企业加强隐私控制后，数字创业者所开发的产品在应用更新这一关键创新指标上出现了显著提升。在随后进行的区域设定和应用类别设定的分析中，美国市场的应用和游戏类别的应用得到了一致的结论，数字创业者所开发的产品在应用更新这项创新指标上均出现了降低，平台企业加强隐私控制对数字创业者创新产生了正向影响。由此说明数字平台加强隐私控制所代表的数据管理方式改变的实质，会对依附于平台的应用产生重要影响，对于部分采用算法歧视、算法偏见与隐私暴露的应用可能不得不通过调整商业模式的方式加以应对，对于同样基于用户数据画像以及平台市场地位不占优势的应用同样需要通过创新以增强竞争更为激烈的市场能力。更进一步说明从平台的角度而言，平台企业的隐私控制对数字创业者会产生更加直接而显著的影响，尤其是针对全平台的过程治理策略更需要谨慎提出。

在个人数据资产日益重要的情境下，用户隐私是一项政府、企业与消费者普遍关注的政策问题。平台自身的增长和平台应用的创新使其成为平台企业会关注的重要战略问题。由于隐私控制影响最直接的是定向追踪广告业务，我们的数据分析结果给平台企业治理尤其是涉及数据隐私的治理策略提供借鉴，因此其中最重要的仍然应当关注对数字创业者所开发的产品进行分类治理：一方面，定向追踪广告业务存在高度的集中度，在全球范围内 Alphabet/Google 和 Meta/Facebook 等主导着定向追踪广告业务，他们的主导地位尤其体现在他们覆盖的应用数量上，他们可以从定向追踪广告业务的主导地位中获取可观的收入，甚至可能对广告价格施加实质性的控制，因此加强隐私控制对他们而言，所获取额外信息的边际收益较低；另一方面，许多相对较小的公司同样依赖于定向追踪广告业务，其中部分应用甚至在细分市场中获得了相当高的市场份额。这些较小的公司通常专注于移动广告，而不是像 Alphabet/Google 和 Meta/Facebook 那样拥有广泛的数字服务组合。值得注意的是这些相对较小的公司的专业化似乎使它们能够获得一定的竞争优势，但实质他们是通过向应用发布者提供更好的交易条件，因此他们是严重依赖数据保护和用户隐私的，因此加强隐私控制使得他们被迫进行商业模式调整以增强市场竞争力。因此平台企业对不同市场地位的应用采用分类治理，对具有市场领导地位的数字创业者所开发的产品施加更严格的控制而对中小型的应用适度放松，可能更有利于平台整体的生态活力。

9.5 平台网络关系治理及其绩效作用

平台网络的本质特征在于具有异质性的多主体共生行为，并且不同主体间存在或密切或松散的合作关系，因此平台企业需要关系治理策略以促进平台多主体协同。平台企业的关系治理同样具有多个维度，从平台企业的视角包括平台间关系与平台内关系，因此本书在平台间关系中重点考察了平台决策权设计对数字创业者多栖行为的治理效应，在平台内关系重点考察了平台互补性对数字创业者创新的治理效应。

9.5.1 平台间关系治理对互补品多栖的影响

平台企业总是试图利用优势地位和商家对其的依赖性，采取不正当手段强迫经营者在平台间"二选一"，但上述行为在我国监管过程中被明令禁止，因此数字创业者可以采用多栖行为实现跨平台生存和发展。多栖行为的需求对数字创业者而言是内生的，因为他们可以以此实现跨平台规模经济效益，同时多栖行为又是平台企业所不愿意看到的，在不能采用排他性协议实现控制数字创业者多栖的情况下，就对平台企业的关系治理这一核心过程治理策略的有效性提出了挑战。基于全球范围内最具竞争性的平台间关系即苹果的 iOS 应用平台与谷歌的 Android 平台，研究差异化的平台决策权设计针对数字创业者多栖行为的治理效应，发现平台间关系治理会对数字创业者多栖行为产生实质性影响。

就平台决策权的不同类别而言，已有研究（Kapoor & Agarwal，2017）将 iOS 平台系统视为决策权集中的平台，而将 Android 平台系统视为决策权分散的平台，首发选择 iOS 平台一年内产生多栖行为的应用比例远远低于首发选择 Android 一年内产生多栖行为的应用比例，同时首发选择 Android 平台发布的应用开发者将同一应用移植到 iOS App Store 上所花费的时间较短。

由此说明更开放的决策权增加了硬件设备的差异性，也增加了数字创业者面临的平台复杂性，由此导致数字创业者更愿意从开放决策权的平台向封闭决策权的平台多栖而不是相反。

就上述分析结果来看，平台生态系统的复杂性会减少数字创业者多栖的可能性。如果我们将平台复杂性所代表的决策权视为一种生态系统交易成本，则这种交易成本更多来自相互依赖的多主体之间的结构不协调，同时也正是这些相互依赖的多边互动构成了平台价值主张的基础。更重要的是，这一交易成本在很大程度上决定了数字创业者所开发的产品边界，即是否扩展到新的平台生态系统并与新的相互依赖的各方形成合作关系。与传统的交易成本不同，生态系统中的协调摩擦过于复杂，无法分解成独立的、双边的互动。更重要的是，当平台企业采用决策权开放的治理设计导致平台所有者失去对硬件开发和应用生产协调的控制权时，承担上述不协调和交易成本的只能是数字创业者。对平台企业提供的借鉴是需要对决策权开放保持谨慎的态度，尽管决策权开放的治理策略在短期内有利于平台所有者，但它可能对整个生态系统产生长期影响。

如果将视角转向数字创业者则可以发现，平台生态系统研究的另一个显著特点是，它往往假定数字创业者只能扮演从属角色，即受制于平台所有者的市场权力和控制，似乎数字创业者所只能被动接受平台治理的不利影响或完全退出市场。但就研究情境和分析来看，数字创业者所开发的产品最重要的特征就是具备生态多样性，因此部分产品可以更好地应对生态系统的复杂性，而部分产品更适应简单的生态系统，因此对于数字创业者而言，我们强调数字创业者可以在内部提升技术能力，或者利用联盟网络学习其他数字创业者所开发的产品的适应能力。

此外，对于平台企业和数字创业者都可能具有借鉴意义的是应当充分利用模块化，对于平台企业而言模块化允许数字创业者利用超出其组织边界但在生态系统内的开发能力，数字创业者可以通过利用模块化产品架构来规避适应需求。这就给平台间关系治理提供了又一重要思路，即利用平台架构为平台生态系统提供灵活性，而无须涉及明显的治理命令或来自平台生态系统领导者的被动协调，因此，数据分析结果提示复杂的平台将面临更高的市场风险对其自身不利，更高效的模块化则有利于化解平台生态系统复杂性的不利影响，从而降低市场风险。

9.5.2 平台内关系治理对互补品创新的影响

数字创业者创新对其自身乃至整个平台生态的重要性已经得到了共识，人们普遍认为数字创业者围绕平台开展创新的是平台成功的重要驱动因素。在平台生态中，数字创业者创新不仅依靠其自身的创新投入，更离不开平台中技术架构以及基于平台技术架构的互补关系。在平台内部，平台架构影响下不同类型的互补作用是数字创业者创新发展的重要驱动因素，因此平台企业对平台内体现互补性的关系治理会在很大程度上影响数字创业者创新。基于苹果的 iOS 应用平台，研究数字创业者所开发的产品与平台连接性以及产品之间连接性的创新效应，发现平台内关系治理会对数字创业者创新产生实质性影响。

就数字创业者所开发的产品与平台连接形成的互补性而言，已有研究（Ozalp et al.，2018）认为应用越多平台所有者自有的 SDK 表示与平台的连接水平越高，与 iOS 平台连接性水平更高的应用创新水平也更高，这意味着数字创业者所开发的产品能够通过与平台更多的附加组件连接进而实现的附加功能越多，能够挖掘创新的要素更多，实现创新的空间也就更大。就数字创业者所开发的产品与平台连接形成的互补性而言，已有研究认为产品能够与平台中的其他产品相连接，它就具有产品连接性，产品连接性水平更高的应用创新水平也更高，这意味着产品能够通过与平台内更多的产品连接，一方面自身的价值会随着其他组件的改进而增加，另一方面能够通过获得其他产品提供的专业技术增加自身的学习水平和创新思维，由此推动数字创业者创新能力的提升。

总结起来，上述数据分析结果为平台所有者的平台内关系治理提供了借鉴，进一步强调了数字创业者创新受到平台生态系统中的技术架构和互补性的影响（Adner & Kapoor，2010；Adner，2017；Kapoor，2018；Jacobides et al.，2018；Baldwin，2018a）。因此平台企业要想提升平台生态系统整体的创新水平，需要考虑如何为数字创业者可以利用的不同类型的连接以实现创新与价值创造的过程中提供更多的机会，既要从平台架构考虑更要从平台多主体的关系协调考虑，由此提出一个关于结构和关系如何相互作用以塑造基于平台的生态系统中数字创业者创新的新思路。

　　从数字创业者自身的视角来看，尽管人们都能认识到创新在其自身商业成功中的重要作用。但过去人们更多把关注点集中在企业层面（或是开发者层面）价值链内的互补性上，例如与制造、市场营销、销售和分销相关的互补性。外部业务生态系统中的互补技术的作用相对较少被探讨（Teece，2006；Kapoor & Furr，2015）。但基于平台的生态系统作为数字创业者利用平台并与其他数字创业者合作竞争最重要的一种外生环境，数字创业者尤其需要进一步加强公司价值链之外的互补资产投资，并将其作为如何提升创新水平的核心要素。

附录 A　创业企业联盟组合数据库编码工作手册

第一部分　战略联盟公告

一、联盟基本情况

1. 企业股票代码［填空题］

_____

2. 企业名称［填空题］

_____

3. 企业所从事的业务［填空题］

_____

4. 联盟对象企业名称［填空题］

_____

5. 联盟对象企业所从事的业务［填空题］

_____

6. 焦点企业所属体制属性是_____［填空题］

7. 类型（　　）［单选题］

○ 体制内　　　　　　○ 体制外

8. 联盟对象企业所属体制属性是_____［填空题］

9. 类型（　　）［单选题］

○ 体制内　　　　　　○ 体制外

提示：体制内组织为党政机关、政府部门、事业单位、央企国企、大学、科研机构；体制外组织为外资企业（独资）、合资企业、私营企业、集体企业。

10. 联盟开始时间［填空题］

_____

11. 联盟终止时间［填空题］如果没有，写"无"。

_____

12. 该联盟是否为PPP项目（公私合营模式）［单选题］

○ 是　　　　　　　　　○ 否

回答"是"，则继续回答第12.1 ~ 12.8 题；回答"否"，跳转第二部分。

12.1　项目领域：

○ 基础设施建设　　　　○ 环保　　　　　　○ 教科文卫体

12.2　是否成立联合体（联合公司）

○ 是　　　　　　　　　○ 否

12.3　政府部门是否为联合体成员

○ 是　　　　　　　　　○ 否

12.4　协议形式：

○ 投资协议　　　　　　○ 特许经营协议

12.5　合作模式：

○ BOT　　　　　　　　○ BOO（建设－拥有－运营）

○ DBFO　　　　　　　○ DBO　　　　　　○ DBFOT

12.6　合作期限_____年

12.7　政府参与方式：

○ 土地出让　　　　　　　　　　　　○ 专项补贴

○ 土地征收，拆迁，安置，补偿　　　○ 税费优惠

12.8　项目制度安排：

○ 财政拨款（政府购买）　　　　　　○ 特许经营

○ 合同承包   ○ 政府补贴

二、关于风险与不确定性

13. 该联盟存在的不确定性类型为（   ）［单选题］

○ 市场不确定性   ○ 合作模式（收入模式）不确定性

○ 合同实施不确定性   ○ 技术不确定性   ○ 资金不确定性

提示：谈到所涉及市场领域的发展状况、市场容量、购买力等，属于市场不确定性。由于双方合作模式、分成模式不确定导致收入规模等无法估算，属于合作模式不确定性。项目实施过程中可能存在合作规划、合作目标及合作方式无法达成一致的可能，属于项目实施的不确定性。关于双方合作涉及的技术存在变革、改进趋势等方面的不确定性，为技术不确定性。若合作方存在融资、担保、资产重组、债务处理等而引发的问题，为资金不确定性。

三、关于联盟合作

14. 该联盟所涉及的联盟活动是（   ）［多选题］

☐ 供应   ☐ 生产   ☐ 研发

☐ 营销   ☐ 政策审批   ☐ 其他

提示：政策审批专指企业与政府建立联盟，政府一方协助进行各方面程序、文件的审批。

15. 该联盟中联盟伙伴提供给焦点企业的资源为（   ）［多选题］

☐ 设备、原料等物质资源   ☐ 生产资源

☐ 技术资源   ☐ 市场资源   ☐ 政治资源

提示：设备、原料等物质资源包括联盟方提供的厂房、设备、原材料、零部件、可供代理的产品等。生产资源包括联盟方提供的关于生产运营的经验、培训、指导等。技术资源包括联盟提供的各种技术援助，如专利、技术咨询、图纸等。市场资源包括联盟方的地域资源、市场网点、销售渠道、营销经验等。政治资源是指联盟方与政府的关系，能够协调政府文件审批等。

16. 该联盟中焦点企业提供给联盟伙伴的资源为（　　　）［多选题］

□ 设备、原料等物质资源　　　　　　　　□ 生产资源

□ 技术资源　　　　　□ 市场资源　　　　　□ 政治资源

提示：划分标准同上。

17. 该联盟中焦点企业以何种方式向其联盟伙伴学习？（　　　）［多选题］

□ 培训课程　　　　　□ 现场指导　　　　　□ 提供技术专利

□ 提供人才支持　　　□ 其他

提示：填写其他请记录学习方式。

18. 该联盟中焦点企业以何种管理方式吸收联盟合作伙伴的新知识？
（　　　）［多选题］

□ 成立合资公司　　　□ 成立管理部门　　　□ 成立管理小组

□ 设立相应的人员　　□ 其他

19. 该联盟中以何种流程来分析从联盟伙伴获得的信息？（　　　）［单选题］

○ 过程管理　　　　　○ 权利义务　　　　　○ 没有流程

提示："过程管理"，即开展项目的实施过程；仅对联盟中双方或多方的责权利做一说明，为"权利义务"；未作关于过程、责权利的任何说明，为"没有流程"。

20. 该联盟对焦点企业影响预期（　　　）［多选题］

□ 供应　　　　　　　□ 生产　　　　　　　□ 研发

□ 营销　　　　　　　□ 政策审批

提示：参考《战略联盟公告》中"上述合同对公司的影响"。

上述四个问项（17～20）用于衡量跨组织学习，这是联盟管理能力的其中一个维度。

原文献：Schilke O, Goerzen A. Alliance Management Capability: An Investigation of the Construct and its Measurement ［J］. *Journal of Management*, 2010, 36 (5): 1192-1219.

21. 焦点企业所处的市场是什么？（　　）［填空题］

22. 联盟所针对的市场是什么？（　　）［填空题］

探索性联盟 ［单选题］── 针对每一个联盟进行判断

23. 该联盟使我们进入新市场

○ 强烈认同　　　○ 认同　　　○ 不认同　　　○ 强烈不认同

提示：通过焦点企业所处的主要市场和联盟针对市场的比较进行评判，若二者是完全不相关的，则为强烈认同；若二者是有一定的关联，如上下游或细分市场等从属关系，则为认同。若二者是完全一样的市场，如同业者之间的联盟，针对同一个行业、市场，为强烈不认同。

24. 该联盟实现了诸如研发等上游活动

○ 强烈认同　　　○ 认同　　　○ 不认同　　　○ 强烈不认同

提示：若联盟是完全以技术研发为主的研发联盟（研发新产品），则为强烈认同；若联盟中包含双方的技术援助、技术交流等，则为认同；若联盟不涉及研发，而涉及产品生产等，为认同；没有任何关于技术、产品的内容，为强烈不认同。

25. 该联盟使我们公司用上新技术

○ 强烈认同　　　○ 认同　　　○ 不认同　　　○ 强烈不认同

提示：评价联盟方所提供的技术是公司所不拥有，认为是强烈认同；若联盟方所具有的是公司拥有，但技术实力更强（如说明联盟方是该技术领域的领导者，拥有关键的、核心的技术能力等），则为认同。

开发性联盟 ［单选题］

26. 该联盟有助于减少新竞争的威胁

○ 强烈认同　　　○ 认同　　　○ 不认同　　　○ 强烈不认同

提示：如果该联盟的联盟伙伴与焦点企业是竞争关系，则联盟的建立有助于减少新竞争的威胁。竞争关系通过焦点企业与联盟伙伴的业务重叠程度来判定，重叠程度高意味着竞争关系强，联盟的建立越有助于减少新竞争的威胁，越表现为强烈认同。

27. 该联盟让我们设置障碍阻碍新竞争

○ 强烈认同　　　○ 认同　　　○ 不认同　　　○ 强烈不认同

提示：联盟以多种方式提高市场进入障碍，如联盟促使焦点企业扩大规模、提高现有产品的技术难度、扩大地域市场范围、提高品牌影响力等，为强烈认同；仅提到上述情况中的一点，为认同。

28. 该联盟使我们现有产品进入新市场

○ 强烈认同　　　○ 认同　　　○ 不认同　　　○ 强烈不认同

提示：《战略联盟公告》中有说明，促进焦点企业现有产品进入新市场，如技术延伸应用的市场等，为强烈认同；促进焦点企业现有产品进入新的地域市场，为认同。仅在现有市场中渗透，为不认同。

上述两大问项分别用于衡量探索性联盟与开发性联盟。

第二部分　公司年报

一、财务数据

1. 年度报告年份［填空题］

_____

2. 营业收入（单位：亿元）［填空题］

_____

提示：参考创业板上市公司《年度报告》"第二节　公司简介和主要财务指标"，其中营业收入是以元为单位，请转换为亿元。

3. 净利润（单位：万元）［填空题］

_____

提示：主要参考创业板上市公司《年度报告》"第二节　公司简介和主要财务指标"｜"归属上市公司股东的净利润"是以元为单位，请转换为亿元。

4. 经营活动产生的现金流量［填空题］

_____

提示：主要参考创业板上市公司《年度报告》"第二节　公司简介和主要财务指标"｜"经营活动产生的现金流量净额"是以元为单位，请转换为亿元。

5. 基本每股收益（单位：元）［填空题］

_____

提示：主要参考创业板上市公司《年度报告》"第二节　公司简介和主要财务指标"｜"基本每股收益"这一指标。

6. 净资产收益率［填空题］

_____

提示：主要参考创业板上市公司《年度报告》"第二节　公司简介和主要财务指标"｜"加权平均净资产收益率"这一指标。

7. 总资产（单位：万元）［填空题］

_____

提示：主要参考创业板上市公司《年度报告》"第二节　公司简介和主要财务指标"｜"资产总额"这一指标。

8. 企业在当期获得的政府补贴（单位：万元）［填空题］

_____

提示：主要参考创业板上市公司《年度报告》"第二节　公司简介和主要财务指标"｜"非经常性损益项目及金额"这一指标。

二、公司业务情况

9. 公司所从事的业务，请记录每一项业务及其在报告期的营业收入。

提示：参考创业板上市公司《年度报告》"第四节　管理层讨论与分析"｜"二、主营业务分析"｜"2. 收入与成本"｜"（1）营业收入"。

9.1　业务 1 的名称_____，营业收入金额_____，占营业收入比重_____

9.2 业务 2 的名称_____，营业收入金额_____，占营业收入比重_____

9.3 业务 3 的名称_____，营业收入金额_____，占营业收入比重_____

9.4 业务 4 的名称_____，营业收入金额_____，占营业收入比重_____

商业模式构成要素

选择主营业务编码商业模式构成，可根据分业务营业收入情况进行筛选，选择收入最高的作为主营业务。

供给要素情况：

10. 企业产品或服务的生产方式 ［单选题］

　　○ 标准化　　　　　○ 一定程度定制化　　○ 定制化

提示：若产品的同质化程度高，采用流水线生产，则选择"标准化"；若产品的同质化程度低，不采用流水线生产，则选择"定制化"；介于两者之间，则选择"一定程度定制化"。有的业务描述直接注明有定制化或标准化。

11. 企业在产品或服务交付过程中的角色 ［单选题］

　　○ 产品制造或服务提供商　　　　　　　○ 外包商

　　○ 许可证贸易　　　○ 经销商　　　　　○ 增值经销商

提示：根据企业所从事的主营业务来判断。

12. 企业产品或服务的分销方式 ［单选题］

　　○ 直接分销　　　　　○ 间接分销

提示：根据企业所从事的主营业务来判断。

市场要素情况：

13. 客户的地理分布 ［单选题］

　　○ 本地的　　　　　○ 区域性的　　　　　○ 国际的

提示：根据报告期内排名前 5 名客户的所在地来判断，以"省"作为基本的地理单元。

14. 客户在价值链上的位置［多选题］

☐ 原材料生产商　　　☐ 产品制造商或服务提供商

☐ 渠道商　　　　　　☐ 最终的个体消费者

提示： 根据报告期内排名前 5 名客户名称中所体现的业务类型来判断：实业公司多属于产品制造商或服务提供商；商贸公司多属于渠道商。

15. 企业市场特征［单选题］

○ 大众市场　　　　　○ 利基市场

提示： 根据报告期内前 5 名客户名称中所体现的业务类型差异程度来判断，若业务类型差异大，则选择"大众市场"；若业务类型差异小，则选择"利基市场"。

内部能力要素情况：

16. 能够为企业带来竞争优势的核心能力是什么？［多选题］

☐ 生产能力　　　　☐ 营销能力　　　　☐ 信息管理能力

☐ 技术创新能力　　☐ 金融投资能力　　☐ 供应链管理能力

☐ 关系网络能力

提示： 根据创业板上市公司《年度报告》"第三节　公司业务概要"的核心竞争力分析来选择。

竞争战略要素情况：

17. 企业在哪些方面具有与众不同的竞争优势地位？［多选题］

☐ 可靠性　　　　☐ 产品或服务　　　　☐ 创新领导力

☐ 生产运营管理　　☐ 客户管理

提示： 根据创业板上市公司《年度报告》"第三节　公司业务概要"的核心竞争力分析来选择。

经济要素情况：

18. 收益来源［单选题］

○ 固定　　　　　○ 柔性

提示： 根据企业主营业务收入构成来判断，若主营业务收入来源单一，则选择"固定"；若主营业务收入来源多样化，则选择"柔性"。

19. 经营杠杆 ［单选题］

○ 低　　　　　　　　○ 中　　　　　　　　○ 高

提示：根据企业资产负债率大小来判断，低于40%选择"低"；40% ~ 60%选择"中"；超过60%选择"高"。

三、客户与供应商

提示：参考创业板上市公司《年度报告》"第四节　管理层讨论与分析"｜"二、主营业务分析"｜"2. 收入与成本"｜"（8）主要销售客户和供应商情况"。

20. 请记录前5名客户的名称 ［填空题］

_____

21. 前5名客户合计销售金额占年度销售金额的比例 ［填空题］

_____

22. 焦点企业的客户分散程度 ［单选题］

○ 非常低　　　　　　○ 较低　　　　　　　○ 一般

○ 较高　　　　　　　○ 非常高

提示：参考创业板上市公司《年度报告》"第四节　管理层讨论与分析"部分。排名第1与排名最后的客户收入占比差距越大，则分散程度越低。该比例超过13%的分散程度非常高，超过10%但低于13%的分散程度较高，低于6%但高于3%较低，低于3%非常低。

23. 较上年企业前5名客户是否发生变化 ［单选题］

○ 是　　　　　　　　○ 否

提示：参考年度报告中管理层讨论与分析部分。

24. 变动的客户数量是多少？ ［填空题］

_____

提示：参考创业板上市公司《年度报告》"第四节　管理层讨论与分析"部分，依据近两年客户数量变量情况计数。例如，如果2015年前5名客户新增1名，则变动数计算为2；如果新增2名，则变动数计算为4；如果没有变化，计数为 0。

25. 企业前 5 名客户收入占比情况 ［单选题］

○ 聚焦　　　　　　○ 分散　　　　　　○ 持平

提示：参考创业板上市公司《年度报告》"第四节　管理层讨论与分析"部分，排名第一与排名最后的客户收入占比差距若显著加大（大于5%），则是聚集；若显著减小，则是分散；若变化不大（小于 3%），则是持平。

26. 记录前 5 名供应商的名称 ［填空题］

_____

27. 前 5 名供应商合计采购金额占年度采购金额的比例 ［填空题］

_____

28. 焦点企业的供应商分散程度 ［单选题］

○ 非常低　　　　　○ 较低　　　　　　○ 一般

○ 较高　　　　　　○ 非常高

提示：参考创业板上市公司《年度报告》"第四节　管理层讨论与分析"部分。排名第 1 与排名最后的供应商供货量占比差距越大，则分散程度越低。该比例超过 13% 的分散程度非常高，超过 10% 但低于 13% 的分散程度较高，低于 6% 但高于 3% 较低，低于 3% 非常低。

29. 企业前 5 名供应商的行业数量 ［填空题］

_____

提示：参考创业板上市公司《年度报告》"第四节　管理层讨论与分析"部分。

30. 较上年企业前 5 名供应商是否发生变化 ［单选题］

○ 是　　　　　　　○ 否

提示：参考创业板上市公司《年度报告》"第四节　管理层讨论与分析"部分。

31. 企业前 5 名供应商变化数量 ［填空题］

_____

提示：参考创业板上市公司《年度报告》"第四节　管理层讨论与分析"部分。依据供应商较上一年变化情况计数，例如，如果 2015 年前 5 名供应商新增 1 名，则变动数计算为 2；如果新增 2 名，则变动数计算为 4。如果没有变化，计数为 0。

32. 企业前 5 名供应商供货量占比情况［单选题］

○ 聚焦　　　　　　○ 分散　　　　　　○ 持平

提示：参考创业板上市公司《年度报告》"第四节　管理层讨论与分析"部分，排名第 1 与排名最后的供应商供货量占比差距若显著加大（大于 5%），则是聚集；若显著减小，则是分散；若变化不大（小于 5%），则是持平。

四、技术研发情况

提示：参考创业板上市公司《年度报告》"第四节　管理层讨论与分析"｜"二、主营业务分析"｜"4. 研发投入"。

企业当期研发情况［填空题］

33. 研发人员数量_____

34. 研发人员数量占比_____

35. 研发投入金额_____

36. 研发投入占营业收入比重_____

37. 企业新获得的专利数量_____

38. 在企业新获得的专利中，发明专利数量_____

39. 在企业新获得的专利中，实用新型专利数量_____

40. 在企业新获得的专利中，外观设计专利数量_____

41. 企业新获得的著作权数量_____

提示：关于研发情况，有的年报写在"管理层讨论与分析"的"技术创新情况"里面，有的写在"管理层讨论与分析"的"研发投入"里面。研发投入与营业收入的比例衡量 EO 中的 innovation 维度。若没有说明申请的专利数量，可在中国专利网查询。

五、投资与并购情况

42. 公司在报告期内的股权投资金额［填空题］_____

提示： 参考创业板上市公司《年度报告》"第四节　管理层讨论与分析"┃"五、投资状况分析"，报告期内获取的重大的股权投资情况（合计金额）。

用上一年净利润减去当期对外股权投资/上一年净利润 = 公司将收益再投资于公司，用来测量 EO 的 proactiveness 维度。

43. 公司在报告期内对外参股的企业［填空题］

_____

提示： 参考创业板上市公司《年度报告》"第四节　管理层讨论与分析"┃"七、主要控股参股公司"，只记录参股公司。

44. 公司在报告期内对外并购的企业［填空题］

_____

提示： 参考创业板上市公司《年度报告》"第五节　重要事项"┃"七、合并报表范围发生变化的情况说明"，记录非同一控制下并购的公司。

六、关联交易

45. 在与日常经营相关的关联交易中，公司在报告期内关联交易的

45.1　次数_____

45.2　金额_____

45.3　关联关系类型_____

46. 在资产或股权收购、出售发生的关联交易中，公司在报告期内关联交易的

46.1　次数_____

46.2　金额_____

46.3　关联关系类型_____

47. 在共同对外投资的关联交易中，公司在报告期内关联交易的

47.1　次数_____

47.2 金额_____

47.3 关联关系类型_____

48. 在关联债权债务往来的关联交易中公司在报告期内关联交易的

48.1 次数_____

48.2 金额_____

48.3 关联关系类型_____

提示：以上内容参考创业板上市公司《年度报告》"第五节　重要事项"｜"十五、重大关联交易"。

七、社会责任情况

49. 企业在报告期实施的捐赠型社会责任行为次数［填空题］_____，金额［填空题］_____

　　公益型社会责任次数［填空题］_____，金额［填空题］_____

提示：参考创业板上市公司《年度报告》"第五节　重要事项"｜"十九、社会责任情况"。捐赠型主要是社会捐款、援建为主的社会责任行为，公益型主要与环境保护有关的社会责任行为。

50. 公司是否投资于雇员个人知识和技能提高以提升雇员职业发展能力［单选题］

　　○ 是　　　　　　　　○ 否

金额［填空题］_____

提示：参考创业板上市公司《年度报告》"第五节　重要事项"｜"十九、社会责任情况"。主要体现的是内部社会责任，对内部员工（利益相关者）的社会责任行为。

八、公司治理

51. 企业的实际控制人［单选题］

　　○ 个人　　　　　　　　○ 组织

52. 当实际控制人为组织时，组织的体制属性［单选题］

○ 体制内　　　　　　○ 体制外

提示：根据创业板上市公司《年度报告》"股东与实际控制人情况"部分。

53. 实际控制人的持股比例［填空题］

_____

提示：根据创业板上市公司《年度报告》"股东与实际控制人情况"部分。

54. 公司的股权结构中是否有国有股［单选题］

○ 是　　　　　　　　○ 否

提示：根据创业板上市公司《年度报告》"股东与实际控制人情况"部分。

55. 是否存在联合控制情况［单选题］

○ 是　　　　　　　　○ 否

提示：终极控制人投资两家以上企业控制上市公司，而这两家企业相互存在关联或交叉持股，为联合控制。

九、董事与高管

提示：以下问项根据年报中董事、监事、高管及员工情况部分作答。

56. 企业董事人数［填空题］_____

57. 企业监事人数［填空题］_____

58. 企业高级管理人员人数［填空题］_____

企业董事长特征：

59. 性别［单选题］　　○ 是　　○ 否

60. 出生年份［填空题］_____年

61. 文化程度［单选题］

○ 专科及以下　　　　○ 本科

○ 硕士　　　　　　　○ 博士

62. 工作过的企业或单位数量［填空题］_____

62.1 这些企业或单位的性质［多选题］

☐ 党政机关　　　　☐ 事业单位　　　　☐ 私营企业

☐ 国有企业　　　　☐ 外资企业　　　　☐ 大学

☐ 科研机构　　　　☐ 合资企业　　　　☐ 其他

62.2 是否曾担任人大或政协委员［单选题］

○ 是　　　　　　　○ 否

62.3 担任人大或政协委员级别［多选题］

☐ 国家级　　　　　☐ 省部级　　　　　☐ 地市级

63. 是否具有海外留学、访问经历［单选题］

○ 是　　　　　　　○ 否

64. 是否持有企业股份［单选题］

○ 是　　　　　　　○ 否

64.1 持有股份比例是多少［填空题］_____

65. 是否存在对外兼任情况［单选题］

○ 是　　　　　　　○ 否

65.1 兼任的企业或单位数量［填空题］_____

65.2 这些企业或单位的性质是［多选题］

☐ 党政机关　　　　☐ 事业单位　　　　☐ 私营企业

☐ 国有企业　　　　☐ 外资企业　　　　☐ 大学

☐ 科研机构　　　　☐ 合资企业　　　　☐ 其他

企业总经理、前五位董事、前五位高级管理人员、三位独立董事、两位监事，均问上述问题。

66. 是否还担任公司其他管理职务［单选题］

○ 是　　　　　　　○ 否

66.1 职务或岗位是什么？［填空题］_____

67. 董事会中曾在党政机关、政府部门工作的董事数量［填空题］

_____

68. 董事会中曾经在党政机关、政府部门以外的体制内组织工作的董事数量［填空题］

_____

69. 董事会中董事成员曾经工作过的企业或单位平均数量［填空题］

_____

提示：首先计数每一个董事成员曾经工作过的企业或单位数量，再进行平均。

70. 董事会中曾在其他企业或单位兼任董事的数量［填空题］

_____

提示：兼任仅为董事，不包括高管。

71. 董事会中具有外部任职的董事数量［填空题］

_____

提示：任职包括兼任董事或兼任其他管理人员。

72. 董事会中具有外部任职的董事，外部兼任的单位数量［填空题］

_____

73. 高管团队中兼任其他企业或单位董事的高管数量［填空题］

_____

提示：69、70、71 题为衡量企业间连锁董事关系的测量。

74. 高管兼任董事的数量［填空题］

_____

75. 高管兼任董事的时间（平均时间）［填空题］

_____

76. 员工教育程度

硕士以上占比_____

大学本科占比_____

专科占比_____

中专、高中及以下占比_____

以下为财务报表中数据：

77. 本期增加的专利权［填空题］＿＿＿＿＿＿＿＿＿＿＿＿＿＿＿＿

提示：参考创业板上市公司《年度报告》"第十节　财务报告"｜"第七节　合并财务报表项目注释"中第 25 条注释，即无形资产的相关内容。

78. 本期增加的非专利技术［填空题］＿＿＿＿＿＿＿＿＿＿＿＿＿

提示：参考创业板上市公司《年度报告》"第十节　财务报告"｜"第七节　合并财务报表项目注释"中第 25 条注释，即无形资产的相关内容。

79. 本期增加的特许经营权、土地使用权、软件［填空题］＿＿＿＿＿＿＿＿

80. 本期增加的商誉［填空题］＿＿＿＿＿＿＿＿＿＿＿＿＿＿＿＿

提示：参考创业板上市公司《年度报告》"第十节　财务报告"｜"第七节　合并财务报表项目注释"中第 27 条注释，即商誉的相关内容。

81. 公司在报告期的销售费用中的业务招待费（或称交际应酬费）＿＿＿＿＿＿＿＿

提示：参考创业板上市公司《年度报告》"第十节　财务报告"｜第七节 "合并财务报表项目注释" 中第 63 条注释，即销售费用的相关内容。

82. 公司在报告期的销管理费用中的业务招待费（或称交际应酬费）＿＿＿＿＿＿＿

提示：参考创业板上市公司《年度报告》"第十节　财务报告"｜第七节 "合并财务报表项目注释" 中第 64 条注释，即管理费用的相关内容。

83. 政府补助总额＿＿＿＿＿＿＿，其中，财政拨款（固定资产、职工奖励、研究开发等）总额＿＿＿＿＿＿＿，财政贴息总额＿＿＿＿＿＿＿，税收优惠（税收返还、即征即退、税收减免、税收奖励）总额＿＿＿＿＿＿＿

84. 在公司所获得的政府补助中，奖励型补贴的次数＿＿＿＿＿＿＿，金额＿＿＿＿＿＿＿＿＿＿＿

85. 在公司所获得的政府补助中，补助型补贴的次数＿＿＿＿＿＿＿，金额＿＿＿＿＿＿＿＿＿＿＿

86. 在公司所获得的政府补助中，国家级政府补贴的次数＿＿＿＿＿＿＿，

金额＿＿＿＿＿＿＿＿＿＿＿＿＿＿＿＿＿

提示：83、84、85 题参考创业板市上公司《年度报告》"第十节　财务报告"｜"第七节　合并财务报表"中第 69 条，即营业外收入的相关内容。

87. 支付的各项税费总额：＿＿＿＿＿＿＿＿＿＿＿

88. 收到的税费返还总额：＿＿＿＿＿＿＿＿＿＿＿

89. 所得税费用本期发生额：＿＿＿＿＿＿＿＿＿＿

90. 母公司适用税率：＿＿＿＿＿＿＿＿＿＿＿＿＿

提示：87、88 题见"合并现金流量表"，89 题见"所得税费用"，90 题见"税收优惠"。

附录 B　基于创业板上市企业联盟网络数据库的研究成果

跨校学术团队联合开发创业板上市企业联盟网络数据库，已经产出了丰富的合作研究成果，在《南开管理评论》《管理评论》《外国经济与管理》等刊物发表论文 10 余篇；在 *Strategic Entrepreneurship Journal* 等国际学术期刊审稿论文 2 篇。部分代表性成果如下。

［1］韩炜，刘夏青. 基于"伙伴—资源"组合的联盟组合重构诱因研究［J］. 南开管理评论，2023，26（5）：72 – 85.

［2］韩炜，黄小凤. 董事会对外董事任职影响联盟组合多样性的作用机制——基于创业板联盟数据的实证研究［J］. 管理学季刊，2020，5（2）：60 – 89，144 – 145.（2020 年度最佳论文）

［3］韩炜，邓渝. 联盟组合的研究述评与展望：联盟组合的交互、动态与影响效应［J］. 管理评论，2018，30（10）：169 – 183.

［4］韩炜，刘夏青. 重复性联盟组合重构对焦点企业绩效的影响研究［J］. 研究与发展管理，2024，36（1）：94 – 107.

［5］韩炜，喻毅. 联盟组合特征、股权式联盟治理与创业企业绩效［J］. 管理学季刊，2017，2（4）：110 – 129，161.

［6］邓渝. "做正确的事与正确地做事"：资源编排视角下的创业企业绩效［J］. 外国经济与管理，2021，43（5）：34 – 46.

［7］邓渝，王嘉斐. 联盟组合多样性与企业创新——基于资源编排理论的实证研究［J］. 中国科技论坛，2023（5）：79 – 88.

［8］胡新华. 联盟组合中资源多样性的"双刃剑"效应——以产品市场势力为中介［J］. 财经论丛，2021（4）：83 – 93.

参 考 文 献

［1］阿姆瑞特·蒂瓦纳. 平台生态系统—架构策划治理与策略［M］.
北京：北京大学出版社，2018.

［2］白景坤，张雅，李思晗. 平台型企业知识治理与价值共创关系研
究［J］. 科学学研究，2017，38（12）：2193－2201.

［3］白重恩，刘俏，陆洲，等. 中国上市公司治理结构的实证研究
［J］. 经济研究，2005（2）：81－91.

［4］毕静煜，谢恩，魏海笑. 联盟伙伴技术多样性对企业突破性创新
的影响研发联盟组合特征的调节作用［J］. 研究与发展管理，2021，33
（2）：41－52.

［5］边燕杰，李路路，李煜，等. 结构壁垒、体制转型与地位资源含
量［J］. 中国社会科学，2006（5）：100－109.

［6］边燕杰，王文彬，张磊，等. 跨体制社会资本及其收入回报［J］.
中国社会科学，2012（2）：110－126.

［7］蔡宁，王节祥，杨大鹏. 产业融合背景下平台包络战略选择与竞
争优势构建——基于浙报传媒的案例研究［J］. 中国工业经济，2015（5）：
96－109.

［8］陈剑，黄朔，刘运辉. 从赋能到使能——数字化环境下的企业运
营管理［J］. 管理世界，2020，36（2）：117－128，222.

［9］陈威如，徐玮伶. 平台组织：迎接全员创新的时代［J］. 清华管理
评论，2014（Z2）：46－54.

［10］陈威如，余卓轩. 平台战略：正在席卷全球的商业模式革命

［M］. 北京：中信出版社，2013.

　　［11］陈志军，缪沁男. 外部创新源对创新绩效的影响研究：吸收能力的调节作用［J］. 经济管理，2014（3）：135－144.

　　［12］池毛毛，赵晶，李延晖，等. 企业平台双元性的实现构型研究：一项模糊集的定性比较分析［J］. 南开管理评论，2017，20（3）：65－76.

　　［13］邓渝. "做正确的事与正确地做事"：资源编排视角下的创业企业绩效［J］. 外国经济与管理，2021，43（5）：34－46.

　　［14］段文奇，宣晓. 管理者能力是传递平台型互联网企业价值的信号吗？——基于财务和非财务指标价值相关性的检验结果［J］. 南开管理评论，2018，21（3）：54－65.

　　［15］范如国. 复杂网络结构范型下的社会治理协同创新［J］. 中国社会科学，2014（4）：98－120，206.

　　［16］冯华，陈亚琦. 平台商业模式创新研究——基于互联网环境下的时空契合分析［J］. 中国工业经济，2016（3）：99－113.

　　［17］冯然. 竞争约束运行范式与网络平台寡头垄断治理［J］. 改革，2017（5）：106－113.

　　［18］傅瑜，隋广军，赵子乐. 单寡头竞争性垄断：新型市场结构理论构建——基于互联网平台企业的考察［J］. 中国工业经济，2014（1）：140－152.

　　［19］龚丽敏，江诗松. 平台型商业生态系统战略管理研究前沿：视角和对象［J］. 外国经济与管理，2016，38（6）：38－50，62.

　　［20］巩键，陈凌，王健茜，等. 从众还是独具一格？——中国家族企业战略趋同的实证研究［J］. 管理世界，2016（11）：110－124，188.

　　［21］郭家堂，骆品亮. 互联网对中国全要素生产率有促进作用吗？［J］. 管理世界，2016（10）：34－49.

　　［22］韩炜，邓渝. 商业生态系统研究述评与展塑［J］. 南开管理评论，2020，23（3）：14－27.

　　［23］韩炜，杨俊，胡新华，等. 商业模式创新如何塑造商业生态系统

属性差异？——基于两家新创企业的跨案例纵向研究与理论模型构建［J］.管理世界，2021，37（1）：88－107，7.

［24］韩炜，杨俊，张玉利.创业网络混合治理机制选择的案例研究［J］.管理世界，2014（2）：118－136.

［25］贾良定，尤树洋，刘德鹏，等.构建中国管理学理论自信之路商业模式创新如何塑造商业生态系统属性差异？——基于两家新创企业的跨案例纵向研究与理论模型构建从个体、团队到学术社区的跨层次对话过程理论［J］.管理世界，2015（1）：99－117.

［26］焦豪，焦捷，刘瑞明.政府质量公司治理结构与投资决策——基于世界银行企业调查数据的经验研究［J］.管理世界，2017（10）：66－78.

［27］李柏洲，曾经纬.知识搜寻与吸收能力契合对企业创新绩效的影响——知识整合的中介作用［J］.科研管理，2021，42（6）：120－127.

［28］李广乾，陶涛.电子商务平台生态化与平台治理政策［J］.管理世界，2018，34（6）：104－109.

［29］李雷，赵先德，简兆权.网络环境下平台企业的运营策略研究［J］.管理科学学报，2016，19（3）：15－33.

［30］李莉，闫斌，顾春霞.知识产权保护、信息不对称与高科技企业资本结构［J］.管理世界，2014（11）：1－9.

［31］李维安，张耀伟，郑敏娜，等.中国上市公司绿色治理及其评价研究［J］.管理世界，2019，35（5）：126－133，160.

［32］李燕.工业互联网平台发展的制约因素与推进策略［J］.改革，2019（10）：35－44.

［33］李勇坚，夏杰长.数字经济背景下超级平台双轮垄断的潜在风险与防范策略［J］.改革，2020（8）：58－67.

［34］刘江鹏.企业成长的双元模型平台增长及其内在机理［J］.中国工业经济，2015（6）：148－160.

［35］刘奕，夏杰长.共享经济理论与政策研究动态［J］.经济学动态，2016（4）：116－125.

［36］刘志阳，赵陈芳，李斌．数字社会创业：理论框架与研究展望［J］．外国经济与管理，2020，42（4）：3－18．

［37］罗珉，杜华勇．平台领导的实质选择权［J］．中国工业经济，2018（2）：82－99．

［38］罗珉，彭毫．平台生态：价值创造与价值获取［M］．北京：北京燕山出版社，2020．

［39］缪沁男，魏江．数字化功能、平台策略与市场绩效的关系研究［J］．科学学研究，2022，40（7）：1234－1243．

［40］南开大学公司治理评价课题组，李维安．中国上市公司治理状况评价研究——来自2008年1127家上市公司的数据［J］．管理世界，2010（1）：142－151．

［41］彭正银．网络治理：理论的发展与实践的效用［J］．经济管理，2002（8）：23－27．

［42］戚聿东，褚席．数字经济发展、经济结构转型与跨越中等收入陷阱［J］．财经研究，2021（7）：18－32，168．

［43］戚聿东，肖旭．数字经济时代的企业管理变革［J］．管理世界，2020，36（6）：135－152，250．

［44］邱毅．我国商贸平台型企业的形成、战略与公司治理研究［M］．杭州：浙江工商大学出版社，2015．

［45］曲创，王夕琛．互联网平台垄断行为的特征、成因与监管策略［J］．改革，2021（5）：53－63．

［46］曲振涛，周正，周方召．网络外部性下的电子商务平台竞争与规制——基于双边市场理论的研究［J］．中国工业经济，2010（4）：120－129．

［47］权锡鉴，史晓洁，宋晓缤，等．资本配置结构优化的企业混合所有制：工业互联网平台的赋能机理与本质［J］．会计研究，2020（12）：99－112．

［48］芮明杰．平台经济趋势与战略［M］．上海：上海财经大学出版社，2018．

［49］申卫星．论数据用益权［J］．中国社会科学，2020（11）：110 - 131，207．

［50］苏治，荆文君，孙宝文．分层式垄断竞争互联网行业市场结构特征研究——基于互联网平台类企业的分析［J］．管理世界，2018，34（4）：80 - 100．

［51］孙永磊，党兴华，宋晶．基于网络惯例的双元能力对合作创新绩效的影响［J］．管理科学，2014（2）：38 - 47．

［52］汪旭晖，张其林．平台型电商声誉的构建平台企业和平台卖家价值共创视角［J］．中国工业经济，2017（11）：174 - 192．

［53］王冬玲．合作伙伴多元化、外部知识环境特征与企业创新绩效的关系研究［J］．预测，2020，39（3）：18 - 26．

［54］王凤彬，王骁鹏，张驰．超模块平台组织结构与客制化创业支持——基于海尔向平台组织转型的嵌入式案例研究［J］．管理世界，2019，35（2）：121 - 150，199 - 200．

［55］王节祥，陈威如，江诗松，等．平台生态系统中的参与者战略：互补与依赖关系的解耦［J］．管理世界，2021，37（2）：126 - 147，10．

［56］王琴．网络治理的权力基础：一个跨案例研究［J］．南开管理评论，2012，15（3）：91 - 100．

［57］王勇，刘航，冯骅．平台市场的公共监管、私人监管与协同监管：一个对比研究［J］．经济研究，2020，55（3）：148 - 162．

［58］王勇．平台治理：在线市场的设计运营与监管［M］．北京：中信出版社，2018．

［59］王宇，李海洋．管理学研究中的内生性问题及修正方法［J］．管理学季刊，2017，2（3）：20 - 47．

［60］王钰，胡海青，张琅．知识产权保护，社会网络及新创企业创新绩效［J］．管理评论，2021，33（3）：129 - 137．

［61］魏江，赵雨菡．数字创新生态系统的治理机制［J］．科学学研究，2021，39（6）：965 - 969．

[62] 乌力吉图，王佳晖．工业物联网发展路径：西门子的平台战略 [J]．南开管理评论，2021，24（5）：94 - 106.

[63] 肖红军，李平．平台型企业社会责任的生态化治理 [J]．管理世界，2019，35（4）：120 - 144，196.

[64] 肖红军，阳镇．共益企业：社会责任实践的合意性组织范式 [J]．中国工业经济，2018（7）：174 - 192.

[65] 肖红军，阳镇．平台企业社会责任：逻辑起点与实践范式 [J]．经济管理，2020，42（4）：39 - 55.

[66] 谢富胜，吴越，王生升．平台经济全球化的政治经济学分析 [J]．中国社会科学，2019（12）：62 - 81，200.

[67] 邢鹏，何天润．三种运营模式下 O2O 外卖服务供应链质量努力策略研究 [J]．中国管理科学，2020，28（9）：115 - 126.

[68] 熊鸿儒．我国数字经济发展中的平台垄断及其治理策略 [J]．改革，2019（7）：52 - 61.

[69] 徐晋，张祥建．平台经济学初探 [J]．中国工业经济，2006（5）：40 - 47.

[70] 徐细雄，刘星．放权改革、薪酬管制与企业高管腐败 [J]．管理世界，2013（3）：119 - 132.

[71] 许恒，张一林，曹雨佳．数字经济、技术溢出与动态竞合政策 [J]．管理世界，2020，36（11）：63 - 84.

[72] 阳镇，陈劲．互联网平台型企业社会责任创新及其治理：一个文献综述 [J]．科学学与科学技术管理，2021（10）：34 - 55.

[73] 阳镇，陈劲．算法治理的理论分野与融合框架 [J]．科学学研究，2023，41（10）：1747 - 1754.

[74] 杨东．互联网金融的法律规制——基于信息工具的视角 [J]．中国社会科学，2015（4）：107 - 126，206.

[75] 于节祥，陈威如．平台演化与生态参与者战略 [J]．清华管理评论，2019（12）：76 - 85.

[76] 俞彬, 蔡凯星, 钱美芬, 等. 多元研发模式对企业价值影响动态演进研究——基于光学制造隐形冠军的案例 [J]. 管理世界, 2022 (6): 139-157, 190, 158-160.

[77] 原磊. 商业模式体系重构 [J]. 中国工业经济, 2007 (6): 70-79.

[78] 张镒, 刘人怀, 陈海权. 商业生态系统中的平台领导力影响因素——基于扎根理论的探索性研究 [J]. 南开管理评论, 2020, 23 (3): 28-38, 131.

[79] 张毅, 闫强. 企业核心技术创新的激励结构分析 [J]. 科学学研究, 2022 (5): 938-949.

[80] 赵光辉, 李玲玲. 大数据时代新型交通服务商业模式的监管——以网约车为例 [J]. 管理世界, 2019, 35 (6): 109-118.

[81] 赵晶, 孟维炬. 官员视察对企业创新的影响: 基于组织合法性的实证分析 [J]. 中国工业经济, 2016 (9): 109-126.

[82] 赵炎, 韩笑. 亲上亲, 真的亲? 联盟企业间关系性质及联盟类型对创新能力的影响研究 [J]. 研究与发展管理, 2019, 31 (6): 50-60, 171.

[83] 郑方. 治理与战略的双重嵌入性: 基于连锁董事网络的研究 [J]. 中国工业经济, 2011 (9): 108-118.

[84] 钟琦, 杨雪帆, 吴志樵. 平台生态系统价值共创的研究述评 [J]. 系统工程理论与实践, 2021, 41 (2): 421-430.

[85] 周冬梅, 鲁若愚. 创业网络中的信任演化研究 [J]. 研究与发展管理, 2010, 22 (5): 59-64.

[86] 周冬梅, 鲁若愚. 创业网络中基于关系信任的信息搜寻行为研究 [J]. 管理工程学报, 2011, 25 (4): 52-57.

[87] Acquisti A, Taylor C, Wagman L. The economics of privacy [J]. *Journal of economic Literature*, 2016, 54 (2): 442-492.

[88] Adner R. Ecosystem as structure: An actionable construct for strategy

[J]. *Journal of Management*, 2017, 43 (1): 39 – 58.

[89] Adner R, Kapoor R. Value creation in innovation ecosystems: How the structure of technological interdependence affects firm performance in new technology generations [J]. *Strategic Management Journal*, 2010, 31 (3): 306 – 333.

[90] Aghion P, Bloom N, Blundell R, et al. Competition and innovation: An inverted – U relationship [J]. *The Quarterly Journal of Economics*, 2005, 120 (2): 701 – 728.

[91] Aguiar L, Waldfogel J. As streaming reaches flood stage, does it stimulate or depress music sales? [J]. *International Journal of Industrial Organization*, 2018 (57): 278 – 307.

[92] Ahuja G. Collaboration networks, structural holes, and innovation: A longitudinal study [J]. *Administrative Science Quarterly*, 2000, 45 (3): 425 – 455.

[93] Aiken L S, West S G, Reno RR. *Multiple Regression: Testing and Interpreting Interactions* [M]. Los Angeles: Sage Publications, 1991.

[94] Amit R, Han X. Value creation through novel resource configurations in a digitall enabled world [J]. *Strategic Entrepreneurship Journal*, 2017, 11 (3): 228 – 242.

[95] Amit R, Zott C. Value creation in e-business [J]. *Strategic Management Journal*, 2001, 22 (6 – 7): 493 – 520.

[96] Anand B N, Khanna T. The structure of licensing contracts [J]. *The Journal of industrial economics*, 2000, 48 (1): 103 – 135.

[97] Anand J, Oriani R, Vassolo R. Alliance activity as a dynamic capability: Search and internalization of external technology [J]. *Academy of Management Proceedings*, 2007 (1): 1 – 6.

[98] Anderson Jr E G, Parker G G, Tan B. Platform performance investment in the presence of network externalities [J]. *Information Systems Research*,

2014, 25 (1): 152 – 172.

[99] Ansari S S, Garud R, Kumaraswamy A. The disruptor's dilemma: Tivo and the U. S. television ecosystem [J]. *Strategic Management Journal*, 2016, 37 (9): 1829 – 1853.

[100] Arora A, Caulkins J P, Telang R. Research note – Sell first, fix later: Impact of patching on software quality [J]. *Management Science*, 2006, 52 (3): 465 – 471.

[101] Atuahene – Gima K. The effects of centrifugal and centripetal forces on product development speed and quality: how does problem solving matter? [J]. *Academy of Management Journal*, 2003, 46 (3): 359 – 373.

[102] Ávila M M. Competitive advantage and knowledge absorptive capacity: The mediating role of innovative capability [J]. *Journal of the Knowledge Economy*, 2022, 13 (1): 185 – 210.

[103] Bakos Y, Halaburda H. Platform competition with multihoming on both sides: Subsidize or not? [J]. *Management Science*, 2020, 66 (12): 5599 – 5607.

[104] Baldwin C Y, Clark K B. The architecture of participation: Does code architecture mitigate free riding in the open source development model? [J]. *Management Science*, 2006, 52 (7): 1116 – 1127.

[105] Balliet D P, Van Lange P. Trust, conflict and cooperation: A meta-analysis [J]. *Psychological Bulletin*, 2013, 139 (5): 1090 – 1112.

[106] Bamford J, Ernst D. Managing an alliance portfolio [J]. *McKinsey Quarterly*, 2002 (3): 28 – 39.

[107] Barnett M L, King A A. Good fences make good neighbors: A longitudinal analysis of an industry self-regulatory institution [J]. *Academy of Management Journal*, 2008, 51 (6): 1150 – 1170.

[108] Barney J B, Ketchen Jr D J, Wright M. The future of resource-based theory: Revitalization ordecline? [J]. *Journal of Management*, 2011, 37 (5):

1299 – 1315.

[109] Barney J B. Why resource-based theory's model of profit appropriation must incorporate a stakeholder perspective [J]. *Strategic Management Journal*, 2018, 39 (13): 3305 – 3325.

[110] Barton S L, Gordon P J. Corporate strategy and capital structure [J]. *Strategic Management Journal*, 1988, 9 (6): 623 – 632.

[111] Bartons S L, Gordon P J. Corporate strategy: Useful perspective for the study of capital structure? [J]. *Academy of Management Review*, 1987, 12 (1): 67 – 75.

[112] Baum J, Calabrese T, Silverman B. Don't go it alone: Alliance network composition and startups' performance in Canadian biotechnology [J]. *Strategic Management Journal*, 2000, 21 (30): 267 – 294.

[113] Beckman C M, Schoonhoven C B, Rottner R M, et al. Relational pluralism in de novo organizations: Boards of directors as bridges or barriers to diverse alliance portfolios [J]. *Academy of Management Journal*, 2014, 57 (2): 460 – 483.

[114] Beckmann C, Haunschild P. Network Learning: The Effect of Partner's Heterogeneity of Experience on Corporate Acquisitions [J]. *Administrative Science Quarterly*, 2002, 47 (1): 92 – 124.

[115] Belleflamme P, Peitz M. Platform competition: Who benefits from multihoming? [J]. *International Journal of Industrial Organization*, 2019 (64): 1 – 26.

[116] Bertello A, De Bernardi P, Santoro G, et al. Unveiling the micro-foundations of multiplex boundary work for collaborative innovation [J]. *Journal of Business Research*, 2022 (139): 1424 – 1434.

[117] Blau P M. Amacrosociological theory of social structure [J]. *The American Journal of Sociology*, 1977, 83 (1): 26 – 54.

[118] Blodgett L L. Research notes and communications: Factors in the

instability of international joint ventures: An event history analysis [J]. *Strategic Management Journal*, 1992, 13 (6): 475 – 481.

[119] Boisot M, Child J. From fiefs to clans and network capitalism: Explaining China's emerging economic order [J]. *Administrative Science Quarterly*, 1996, 42 (4): 600 – 628.

[120] Boudreau K J, Hagiu A. Platform rules: Multi-sided platforms as regulators [J]. *Platforms, Markets and Innovation*, 2009 (1): 163 – 191.

[121] Boudreau K J, Jeppesen L B. Unpaid crowd complementors: The platform network effect mirage [J]. *Strategic Management Journal*, 2015, 36 (12): 1761 – 1777.

[122] Boudreau K J. Let a thousand flowers bloom? An early look at large numbers of software app developers and patterns of innovation [J]. *Organization Science*, 2012, 23 (5): 1409 – 1427.

[123] Boudreau K. Open platform strategies and innovation: Granting access vs. devolving control [J]. *Management Science*, 2010, 56 (10): 1849 – 1872.

[124] Bradley W A, Kolev J. How does digital piracy affect innovation? Evidence from software firms [J]. *Research Policy*, 2023, 52 (3): 104701.

[125] Brass D J. Being in the right place: A structural analysis of individual influence in an organization [J]. *Administrative Science Quarterly*, 1984, 29 (4): 518 – 539.

[126] Brüderl J, Preisendörfer P. Network support and the success of newly founded business [J]. *Small Business Economics*, 1998 (10): 213 – 225.

[127] Bresnahan T F, Greenstein S. Technological competition and the structure of the computer industry [J]. *The Journal of Industrial Economics*, 1999, 47 (1): 1 – 40.

[128] Bridoux F, Stoelhorst J W. Stakeholder governance: Solving the collective action problems in joint value creation [J]. *Academy of Management*

Review, 2022, 47 (2): 214 – 236.

[129] Bridoux F, Stoelhorst J W. Stakeholder relationships and social welfare: A behavioral theory of contributions to joint value creation [J]. *Academy of Management Review*, 2016, 41 (2): 229 – 251.

[130] Burgelman R A, Grove A S. Let chaos reign, then rein in chaos-repeatedly: Managing strategic dynamics for corporate longevity [J]. *Strategic Management Journal*, 2007, 28 (10): 965 – 979.

[131] Capaldo A. Network structure and innovation: The leveraging of a dual network as a distinctive relational capability [J]. *Strategic Management Journal*, 2007, 28 (6): 585 – 608.

[132] Cardinal L B. Technological innovation in the pharmaceutical industry: The use of organizational control in managing research and development [J]. *Organization Science*, 2001, 12 (1): 19 – 36.

[133] Carrollab A. Three-dimensional conceptual model of corporate performance [J]. *Academy of Management Review*, 1979 (4): 497 – 505.

[134] Casadesus – Masanell R, Hałaburda H. When does a platform create value by limiting choice? [J]. *Journal of Economics & Management Strategy*, 2014, 23 (2): 259 – 293.

[135] Cennamo C. Competing in digital markets: A platform-based perspective [J]. *Academy of Management Perspectives*, 2019, 35 (2): 265 – 291.

[136] Cennamo C, Santaló J. Generativity tension and value creation in platform ecosystems [J]. *Organization Science*, 2019, 30 (3): 617 – 641.

[137] Cennamo C, Santaló J. Platform competition: Strategic trade-offs in platform markets [J]. *Strategic Management Journal*, 2013, 34 (11): 1331 – 1350.

[138] Chen L, Tong T W, Tang S, et al. Governance and design of digital platforms: A review and future research directions on a meta-organization [J]. *Journal of Management*, 2022, 48 (1): 147 – 184.

[139] Chen L, Yi J, Li S. Platform governance design in platform ecosystems: Implications for complementors' multihoming decision [J]. *Journal of Management*, 2022, 48 (3): 630 – 656.

[140] Chen S, ChenY, Jebran K. Trust and corporate social responsibility: From expected utility and social normative perspective [J]. *Journal of Business Research*, 2021 (134): 518 – 530.

[141] Chen Y. Decentralized governance of digital platforms [J]. *Journal of Management*, 2021, 47 (5): 1305 – 1337.

[142] Chen Y, Richter J I, Patel P C. Decentralized governance of digital platforms [J]. *Journal of Management*, 2021, 47 (5): 1305 – 1337.

[143] Chesbrough H W. The era of open innovation [J]. *Managing Innovation and Change*, 2006, 127 (3): 34 – 41.

[144] Child J, Lu Y. Institutional constraints on economic reform: The case of investment decisions in China [J]. *Organization Science*, 1996, 7 (1): 60 – 77.

[145] Child J, Tse D. K. China's Transition and its implications for international business [J]. *Journal of International Business Studies*, 2001, 32 (1): 5 – 21.

[146] Chintakananda A, McIntyre D P. Market entry in the presence of network effects: A real options perspective [J]. *Journal of Management*, 2014, 40 (6): 1535 – 1557.

[147] Clauss T, Harengel P, Hock M. The perception of value of platform-based business models in the sharing economy: Determining the drivers of user loyalty [J]. *Review of Managerial Science*, 2019, 13 (3): 1 – 30.

[148] Cohen S K, Caner T. Converting inventions into breakthrough innovations: the role of exploitation and alliance network knowledge heterogeneity [J]. *Journal of Engineering and Technology Management*, 2016 (40): 29 – 44.

[149] Cohen W M, Levinthal D A. Absorptive capacity: A new perspective

on learning and innovation [J]. *Administrative Science Quarterly*, 1990, 35 (1): 128 – 152.

[150] Coles J W, McWilliams V B, Sen N. An examination of the relationship of governance mechanisms to performance [J]. *Journal of Management*, 2001, 27 (1): 23 – 50.

[151] Collins J D, Holcomb T R, Certo S T, et al. Learning by doing: Cross-border mergers and acquisitions [J]. *Journal of Business Research*, 2009, 62 (12): 1329 – 1334.

[152] Collins J, Riley J. Alliance portfolio diversity and firm performance: Examing moderators [J]. *Journal of Business & Management*, 2013, 19 (2): 35 – 50.

[153] Corts K S, Lederman M. Software exclusivity and the scope of indirect network effects in the US home video game market [J]. *International Journal of Industrial Organization*, 2009, 27 (2): 121 – 136.

[154] Crossan M M, Lane H W, White R E. An organizational learning framework: From intuition to institution [J]. *Academy of Management Review*, 1999, 24 (3): 522 – 537.

[155] Cui A S, O'Connor G. Alliance portfolio resource diversity and firm innovation [J]. *Journal of Marketing*, 2012, 76 (4): 24 – 43.

[156] Curchod C, Patriotta G, Cohen L, et al. Working for an algorithm: Power asymmetries and agency in online work settings [J]. *Administrative Science Quarterly*, 2020, 65 (3): 644 – 676.

[157] Cusumano M A, Gawer A. The elements of platform leadership [J]. *Mit Sloan Management Review*, 2002, 43 (3): 51 – 58.

[158] Cutolo D, Kenney M. Platform – Dependent Entrepreneurs: Power Asymmetries, Risks, And Strategies In The Platform Economy [J]. *Academy of Management Perspectives*, 2021, 35 (4): 584 – 605.

[159] Danaher B, Smith M D, Telang R. Copyright enforcement in the dig-

ital age: Empirical evidence and policy implications [J]. *Communications of the ACM*, 2017, 60 (2): 68 – 75.

[160] Darr E, Kurtzberg T. An investigation of partner similarity dimensions on knowledge transfer [J]. *Organizational Behavior and Human Decision Processes*, 2000, 82 (1): 28 – 44.

[161] Das T K, Teng B S. A resource-based theory of strategic alliances [J]. *Journal of Management*, 2000, 26 (1): 31 – 61.

[162] Das T K, Teng B S. Between trust and control: Developing confidence in partner cooperation in alliances [J]. *Academy of Management Review*, 1998, 23 (3): 491 – 512.

[163] Datte B, Alexy O, Autio E. Maneuvering in poor visibility: How firms play the ecosystem game when uncertainty is high [J]. *Academy of Management Journal*, 2018, 61 (2): 466 – 498.

[164] David P, Yoshikawa T, Delios A. How capital structure influences diversification performance: A transaction cost perspective [J]. *Strategic Management Journal*, 2014, 35 (7): 1013 – 1031.

[165] Degener P, Maurer I, Bort S. Alliance portfolio diversity and innovation: The interplay of portfolio coordination capability and proactive partner selection capability [J]. *Journal of Management Studies*, 2018, 55 (8): 1386 – 1422.

[166] DeMan A, Roijakkers. Alliance governance: Balancing control and trust in dealing with risk [J]. *Long Range Planning*, 2009, 42 (1): 75 – 95.

[167] Dharwadkar B George G, Brandes P. Privatization in emerging economies: An agency theory perspective [J]. *Academy of Management Review*, 2000, 25 (3): 650 – 669.

[168] Diestre L. Safety crises and R&D outsourcing alliances: Which governance mode minimizes negative spillovers? [J]. *Research Policy*, 2018, 47 (10): 1904 – 1917.

［169］Dinerstein M, Einav L, Levin J, et al. Consumer price search and platform design in internet commerce ［J］. *American Economic Review*, 2018, 108 (7): 1820 – 1859.

［170］Doz Y L, Hamel G. *Alliance Advantage: The Art of Creating Value through Partnering* ［M］. Boston, MA: Harvard Business School Press, 1998.

［171］Draulans J, DeMan A P, Volberda H W. Building alliance capability: Management techniques for superior alliance performance ［J］. *Long Range Planning*, 2003, 36 (2): 151 – 166.

［172］Duysters G, Lokshin B. Determinants of alliance portfolio complexity and its effect on innovative performance of companies ［J］. *Journal of Product Innovation Management*, 2011, 28 (4): 570 – 585.

［173］Duysters G, Man A – P, Wildeman L. A network approach to alliance management ［J］. *European Management Journal*, 1999, 17 (2): 182 – 187.

［174］Dyer J H, Hatch N W. Relation-specific capabilities and barriers to knowledge transfers: creating advantage through network relationships ［J］. *Strategic Management Journal*, 2006, 27 (8): 701 – 719.

［175］Dyer J H, Nobeoka K. Creating and managing a high-performance knowledge-sharing network: the Toyota case ［J］. *Strategic Management Journal*, 2000, 21 (3): 345 – 367.

［176］Economides N, Atsamakas E. Two-sided competition of proprietary vs. open source technology platforms and the implications for the software industry ［J］. *Management Science*, 2006, 52 (7): 1057 – 1071.

［177］Eisenmann T, Parker G, Van Alstyne M. Platform envelopment ［J］. *Strategic Management Journal*, 2011, 32 (12): 1270 – 1285.

［178］Eisenmann T, Parker G, Van Alstyne M. Strategies For Two – Sided Markets ［J］. *Harvard Business Review*, 2006, 84 (10): 92.

［179］Eisenmann T R. Managing proprietary and shared platforms ［J］.

California Management Review, 2008, 50 (4): 31 – 53.

[180] Eisenmann T R, Parker G, Van Alstyne M. Opening platforms: How, when and why [J]. *Platforms, Markets and Innovation*, 2009 (6): 131 – 162.

[181] Ellison G, Fudenberg D. The neo – Luddite's lament: excessive upgrades in the software industry [J]. *RAND Journal of Economics*, 2000, 31 (2): 253 – 272.

[182] Elster J. Social norms and economic theory [J]. *The Journal of Economic Perspectives*, 1989, 3 (4): 99 – 117.

[183] Fames D, Visser V M, Andries P, et al. Technology alliance portfolios and financial performance: Value-enhancing and cost-increasing effects of open innovation [J]. *Journal of Product Innovation Management*, 2010, 27 (6): 785 – 796.

[184] Fiss P C, Sharapov D, Cronqvist L, et al. Opposites attract? Opportunities and challenges for integrating large – N qca and econometric analysis [J]. *Political Research Quarterly*, 2013, 66 (1): 191 – 198.

[185] Fosfuri A, Tribó J A. Exploring the antecedents of potential absorptive capacity and its impact on innovation performance [J]. *Omega*, 2008, 36 (2): 173 – 187.

[186] Garcia Martinez M, Zouaghi F, et al. Casting a wide net for innovation: mediating effect of R&D human and social capital to unlock the value from alliance portfolio diversity [J]. *British Journal of Management*, 2019, 30 (4): 769 – 790.

[187] Garud R, Jain S, Kumaraswamy A. Institutional entrepreneurship in the sponsorship of common technological standards: The case of Sun Microsystems and Java [J]. *Academy of Management Journal*, 2002, 45 (1): 196 – 214.

[188] Gawer A, Cusumano M A. Industry platforms and ecosystem innovation [J]. *Journal of Product Innovation Management*, 2014, 31 (3): 417 – 433.

[189] Gawer A, Cusumano M A. *Platform Leadership*: *How Intel*, *Microsoft*, *and Cisco Drive Industry Innovation* [M]. Boston: Harvard Business School Press, 2002.

[190] Gawer A, Henderson R. Platform owner entry and innovation in complementary markets: Evidence from Intel [J]. *Journal of Economics & Management Strategy*, 2007, 16 (1): 1 – 34.

[191] Giersch H. The age of Schumpeter [J]. *The American Economic Review*, 1984, 74 (2): 103 – 109.

[192] Goerzen A, Beamish P W. The effect of alliance network diversity on multinational enterprise performance [J]. *Strategic Management Journal*, 2005, 26 (4): 333 – 354.

[193] Goldfarb A, Que V F. The economics of digital privacy [J]. *Annual Review of Economics*, 2023, 15 (1): 267 – 286.

[194] Goodstein J, Boeker W. Turbulence at the top: A new perspective on governance structure changes and strategic change [J]. *Academy of Management Journal*, 1991, 34 (2): 306 – 330.

[195] Green S. The impact of ownership and capital structure on managerial motivation and strategy in management buy-outs: A cultural analysis [J]. *Journal of Management Studies*, 1992, 29 (4): 513 – 535.

[196] Gregory R W, Henfridsson O, Kaganer E, et al. The role of artificial intelligence and data network effects for creating user value [J]. *Academy of Management Review*, 2021, 46 (3): 534 – 551.

[197] Grewal R, Chakravarty A, Saini A. Governance mechanisms in business-to-business electronic markets [J]. *Journal of Marketing*, 2010, 74 (4): 45 – 62.

[198] Gulati R, Lawrence P, Puranam P. Adaptation in vertical relationships: Beyondincentive conflict [J]. *Strategic Management Journal*, 2005, 26 (5): 415 – 440.

[199] Guo C, Miller J K. Guanxi dynamics and entrepreneurial firm crea-tion and development in China [J]. *Management and Organization Review*, 2010, 6 (2): 267 –291.

[200] Guzzini E, Iacobucci D. Project failures and innovation performance in university – firm collaborations [J]. *The Journal of Technology Transfer*, 2017, 42 (4): 865 –883.

[201] Halaburda H, Piskorski M J, Yıldırım P. Competing by restricting choice: The case of matching platforms [J]. *Management Science*, 2018, 64 (8): 3574 –3594.

[202] Hamel G. Waking Up IBM [J]. *Harvard Business Review*, 2000, 78 (4): 137 –144.

[203] Hanelt A, Bohnsack R, Marz D, et al. A systematic review of the literature on digital transformation: Insights and implications for strategy and organizational change [J]. *Journal of Management Studies*, 2021, 58 (5): 1159 –1197.

[204] Hansen E L. Entrepreneurial networks and new organization growth [J]. *Entrepreneurship Theory and Practice*, 1995, 19 (4): 7 –19.

[205] Harrigan K R. Joint ventures and competitive strategy [J]. *Strategic Management Journal*, 1988, 9 (2): 141 –158.

[206] Hart O, Moore J. Property Rights and the Nature of the Firm [J]. *Journal of Political Economy*, 1990, 98 (6): 1119 –1158.

[207] Hatch N W, Mowery D C. Process innovation and learning by doing in semiconductor manufacturing [J]. *Management Science*, 1998, 44 (11): 1461 – 1477.

[208] Heimeriks K H, Duysters G, Vanhaverbeke W. Learning mecha-nisms and differential performance in alliance portfolios [J]. *Strategic Organiza-tion*, 2007, 5 (4): 373 –408.

[209] Helfat C E, Peteraf M A. The dynamic resource-based view: Capa-

bility life cycles ［J］. *Strategic Management Journal*, 2003, 24 (10): 997 – 1010.

［210］ Helfat C E, Raubitschek R S. Dynamic and integrative capabilities for profiting from innovation in digital platform-based ecosystems ［J］. *Research Policy*, 2018, 47 (8): 1391 – 1399.

［211］ Hirt M, Smit S, Wonsik Y. Understanding Asia's conglomerates ［J］. *McKinsey Quarterly*, 2013 (1): 8 – 12.

［212］ Hite J M. Evolutionary processes and paths of relationally embedded network ties in emerging entrepreneurial firms ［J］. *Entrepreneurship Theory and Practice*, 2005, 29 (1): 113 – 144.

［213］ Hite J M, Hesterly W S. The evolution of firm networks: From emergence to early growth of the firm ［J］. *Strategic Management Journal*, 2001, 22 (3): 275 – 286.

［214］ Hite J M. Patterns of multidimensionality among embedded network ties: a typology of relational embeddedness in emerging entrepreneurial firms ［J］. *Strategic Organization*, 2003, 1 (1): 9 – 49.

［215］ Hitt M A, Bierman L, Shimizu K, et al. Direct and moderating effects of human capital on strategy and performance in professional service firms: A resource-based perspective ［J］. *Academy of Management Journal*, 2001, 44 (1): 13 – 28.

［216］ Hitt M A, Ireland R D, Sirmon D G, et al. Strategic entrepreneurship: Creating value for individuals, organizations, and society ［J］. *Academy of Management Perspectives*, 2011, 25 (2): 57 – 75.

［217］ Hoang H, Antoncic B. Network-based research in entrepreneurship: A critical review ［J］. *Journal of Business Venturing*, 2003, 18 (2): 165 – 187.

［218］ Hoang H I, Rothaermel F T. The effect of general and partner-specific alliance experience on joint R&D project performance ［J］. *Academy of Manage-*

ment Journal, 2005, 48 (2): 332 – 345.

[219] Hoang H, Yi A. Network-based research in entrepreneurship: A decade in review [J]. *Foundations and Trends in Entrepreneurship*, 2015, 11 (1): 1 – 54.

[220] Hoehn Weiss M N, Karim S. Unpacking functional alliance portfolios: How signals of viability affect young firms' outcomes [J]. *Strategic Management Journal*, 2014, 35 (9): 1364 – 1385.

[221] Hoffmann W H. How to manage a portfolio of alliances [J]. *Long Range Planning*, 2005, 35 (2): 121 – 143.

[222] Hoffmann W H. Strategies for managing a portfolio of alliances [J]. *Strategic Management Journal*, 2007, 28 (8): 827 – 856.

[223] Hoskisson R E, Gambeta E, Green C D, et al. Is my firm-specific investment protected? Overcoming the stakeholder investment dilemma in the re-source-based view [J]. *Academy of Management Review*, 2018, 43 (2): 284 – 306.

[224] Hottenroot H, Lopes Bento C. R&D partnerships and innovation per-formance: Can there be too much of a good thing [J]. *Journal of Product Innova-tion Management*, 2016, 33 (6): 773 – 794.

[225] Huang P, Ceccagnoli M, Forman C, et al. Appropriability mecha-nisms and the platform partnership decision: Evidence from enterprise software [J]. *Management Science*, 2013, 59 (1): 102 – 121.

[226] Huber T L, Kude T, Dibbern J. Governance practices in platform ecosystems: Navigating tensions between cocreated value and governance costs [J]. *Information Systems Research*, 2017, 28 (3): 563 – 584.

[227] Hui X, Saeedi M, Shen Z, et al. Reputation and regulations: Evi-dence from eBay [J]. *Management Science*, 2016, 62 (12): 3604 – 3616.

[228] Irene, Wei, Capital. Structure of government-linked companies in malaysia [J]. *Asian Academy of Management Journal of Accounting & Finance*,

2011, 7 (2): 137 - 156.

[229] Jacobides M G, Cennamo C, Gawer A. Towards a theory of ecosystems [J]. *Strategic Management Journal*, 2018, 39 (8): 2255 - 2276.

[230] Jehn K A. A multimethod examination of the benefits and detriments of intragroup conflict [J]. *Administrative Science Quarterly*, 1995, 40 (2): 256 - 282.

[231] Jiang R J, Tao Q T, Santoro M D. Alliance portfolio diversity and firm performance [J]. *Strategic Management Journal*, 2010, 31 (10): 1136 - 1144.

[232] Jiang Z, Sarkar S, Jacob V S. Postrelease testing and software release policy for enterprise-level systems [J]. *Information Systems Research*, 2012, 23 (3): 635 - 657.

[233] Johnson G, Runge J, Seufert E. Privacy-centric digital advertising: Implications for research [J]. *Customer Needs and Solutions*, 2022, 9 (1): 49 - 54.

[234] Jones C, Hesterly W S, Borgatti S P. A general theory of network governance: Exchange conditions and social mechanisms [J]. *Academy of Management Review*, 1997, 22 (4): 911 - 945.

[235] Kale P, Dyer J H, Singh H. Alliance capability, stock market response and long-term alliance success: The role of the alliance function [J]. *Strategic Management Journal*, 2002, 23 (8): 747 - 767.

[236] Kale P, Singh H. Building firm capabilities through learning: The role of the alliance learning process in alliances capability and firm-level alliance success [J]. *Strategic Management Journal*, 2007, 28 (10): 981 - 1000.

[237] Kale P, Singh H, Perlmutter H. Learning and Proteceion of proprietary assets in strategic alliances: Building relational capital [J]. *Strategic Management Journal*, 2000, 21 (3): 217 - 238.

[238] Kapoor R, Agarwal S. Sustaining superior performance in business

ecosystems: Evidence from application software developers in the Ios and Android smartphone ecosystems [J]. *Organization Science*, 2017, 28 (3): 531 –551.

[239] Kapoor R. Ecosystems: Broadening the locus of value creation [J]. *Journal of Organization Design*, 2018, 7 (1): 1 –16.

[240] Kapoor R, Furr N R. Complementarities and competition: Unpacking the drivers of entrants' technology choices in the solar photovoltaic industry [J]. *Strategic Management Journal*, 2015, 36 (3): 416 –436.

[241] Kapoor R, Lee J M. Coordinating and competing in ecosystems: How organizational forms shape new technology investments [J]. *Strategic Management Journal*, 2013, 34 (3): 274 –296.

[242] Katz M L, Shapiro C. Technology adoption in the presence of network externalities [J]. *Journal of Political Economy*, 1986, 94 (4): 822 –841.

[243] Khanna, Tarun, Gulati R, Nohria N. The dynamics of learning alliances: Competition, cooperation, and relative scope [J]. *Strategic Management Journal*, 1998, 19 (3): 193 –210.

[244] Klein P G, Mahoney J T, Pitelis Cn. Organizational governance adaptation: Who is in who is out, and who gets what [J]. *Academy of Management Review*, 2019, 44 (1): 6 –27.

[245] Kochhar R. Explaining firm capital structure: The role of agency theory vs transaction cost economics [J]. *Strategic Management Journal*, 1996, 17 (9): 713 –728.

[246] Kochhart R, Hitt M A. Research notes and communications linking corporate strategy to capital structure [J]. *Strategic Management Journal*, 1998, 19 (6): 601.

[247] Kogut B. The stability of joint ventures: reciprocity and competitive rivalry [J]. *Journal of Industrial Economics*, 1989, 38 (2): 183 –198.

[248] Kollnig K, Shuba A, Van Kleek M, et al. *Goodbye Tracking? Impact of iOS App Tracking Transparency and Privacy Labels* [C]//Proceedings of

the 2022 ACM Conference on Fairness, Accountability, and Transparency, 2022: 508 – 520.

［249］Kor Y Y, Mahoney J T, Michael S. Resources, capabilities, and entrepreneurial perceptions ［J］. *Journal of Management Studies*, 2007, 44 (7): 1187 – 1212.

［250］Kretschmer T, Claussen J. Generational transitions in platform markets-the role of knowledge sharing among complementors ［J］. *Strategic Management Journal*, 2016, 1 (2): 90 – 104.

［251］Krishnan V, Gupta S. Appropriateness and impact of platform-based product development ［J］. *Management Science*, 2001, 47 (1): 52 – 68.

［252］Kruss G. Balancing old and new organizational forms: Changing dynamics of government, industry and university interaction in South Africa ［J］. *Technology Analysis & Strategic Management*, 2008, 20 (6): 667 – 682.

［253］Kumar V, Gordon B R, Srinivasan K. Competitive strategy for open source software ［J］. *Marketing Science*, 2011, 30 (6): 1066 – 1078.

［254］Kun Wang, Tong Liu, Xiaodan Xie. Application of big data technology in scientific research data management of military enterprises-science direct ［J］. *Procedia Computer Science*, 2019 (147): 556 – 561.

［255］Lahiri A, Dey D. Effects of piracy on quality of information goods ［J］. *Management Science*, 2013, 59 (1): 245 – 264.

［256］Landsman V, Stremersch S. Multihoming in two-sided markets: An empirical inquiry in the video game console industry ［J］. *Journal of Marketing*, 2011, 75 (6): 39 – 54.

［257］Larson A. Network dyads in entrepreneurial settings: A study of the governance of exchange relationships ［J］. *Administrative Science Quarterly*, 1992, 37 (1): 76 – 104.

［258］Larson A, Starr J A. A network model of organization formation ［J］. *Entrepreneurship Theory and Practice*, 1993, 17 (2): 5 – 15.

[259] Lavie D. Alliance portfolios and firm performance: A study of value creation and appropriation in the U. S. software industry [J]. *Strategic Management Journal*, 2007, 28 (12): 1187 – 1212.

[260] Lechner C, Dowling M. Firm networks: External relationships as sources for the growth and competitiveness of entrepreneurial firms [J]. *Entrepreneurship & Regional Development*, 2003, 15 (1): 1 – 26.

[261] Lee B, Paek S Y, Fenoff R. Factors associated with digital piracy among early adolescents [J]. *Children and Youth Services Review*, 2018 (86): 287 – 295.

[262] Lee D, Kirkpatrick – Husk K, Madhavan R. Diversity in alliance portfolios and performance outcomes: a meta-analysis [J]. *Journal of Management*, 2017, 43 (5): 1472 – 1497.

[263] Lee S Y, Kim Y. Engaging consumers with corporate social responsibility campaigns? The roles of interactivity, psychological empowerment, and identification [J]. *Journal of Business Research*, 2021 (134): 507 – 517.

[264] Li H, Zhang Y, Li Y, et al. Returnees versus locals: Who perform better in China's technology entrepreneurship? [J]. *Strategic Entrepreneurship Journal*, 2012, 6 (3): 257 – 272.

[265] Lin N. *Social Capital: A Theory of Social Structureand Action* [M]. Cambridge: Oxford University Press, 2004.

[266] Lusch R F, Nambisan S. Service innovation: A service-dominant logic perspective [J]. *Mis Quarterly*, 2015, 39 (1): 155 – 175.

[267] Mark A H. Galaskiewicz J, Larson J A. Structural embeddedness and the liability of newness among nonprofit organizations [J]. *Public Management Review*, 2004, 6 (2): 159 – 188.

[268] Martinez J, Jarillo J. The evolution of research on coordination mechanisms in multinational corporations [J]. *Journal of International Business Studies*, 1989, 20 (3): 489 – 514.

[269] Martin X, Salomon R. Knowledge transfer capacity and its implications for the theory of the multinational corporation [J]. *Journal of International Business Studies*, 2003 (34): 356 – 373.

[270] Mccarter M W, Budescu D V, Scheffran J. The give-or-take-some dilemma: An empirical investigation of a hybrid social dilemma [J]. *Organizational Behavior And Human Decision Processes*, 2011, 116 (1): 83 – 95.

[271] McGill J P, Santoro M D. Alliance portfolios and patent output: The case of biotechnology alliances [J]. *IEEE Transactions in Engineering Management*, 2009, 56 (3): 388 – 401.

[272] Mclntyre D P, Srinivasan A. Networks, Platforms, And Strategy: Emerging Views And Next Steps [J]. *Strategic Management Journal*, 2017, 38 (1): 141 – 160.

[273] Meadows – Klue D. Opinion piece: Falling in Love 2. 0: Relationship marketing for the Facebook generation [J]. *Journal of Direct, Data and Digital Marketing Practice*, 2008 (9): 245 – 250.

[274] Milgrom P, Roberts J. Rationalizability, learning, and equilibrium in games with strategic complementarities [J]. *Econometrica*, 1990: 1255 – 1277.

[275] Mindruta D, Moeen M, Agarwal R. A two-sided matching approach for partner selection and assessing complementarities in partners' attributes in interfirm alliances [J]. *Strategic Management Journal*, 2016, 37 (1): 206 – 231.

[276] Min S, Wolfinbarger M. Market share, profit margin, and marketing efficiency of early movers, bricks and clicks, and specialists in e-commerce [J]. *Journal of Business Research*, 2005, 58 (8): 1030 – 1039.

[277] Monge P R, Fulk J, Kalman M E, et al. Production of collective action in alliance-based interorganizational communication and information systems [J]. *Organization Science*, 1998, 9 (3): 411 – 433.

[278] Mowery D C, Oxley J E, Silverman B S. Strategic alliances and in-

terfirm knowledge transfer [J]. *Strategic Management Journal*, 1996, 17 (S2): 77 – 91.

[279] Nelson R R, Winter S G. The Schumpeterian tradeoff revisited [J]. *The American Economic Review*, 1982, 72 (1): 114 – 132.

[280] Newbert S L, Tornikoski E T, Quigley N R. Exploring the evolution of supporter networks in the creation of new organizations [J]. *Journal of Business Venturing*, 2013, 28 (2): 281 – 298.

[281] Nickerson J, Zenger T. R. A knowledge-based theory of the firm: The problem-solving perspective [J]. *Organization Science*, 2004, 15 (6): 617 – 632.

[282] Ocasio W, Laamanen T, Vaara E. Communication and attention dynamics: an attention-based view of strategic change [J]. *Strategic Management Journal*, 2018, 39 (1): 155 – 167.

[283] Oliver D. Complexity in vocational education and training governance [J]. *Research in Comparative and International Education*, 2010, 5 (3): 261 – 273.

[284] O'Mahony S, Karp R. From proprietary to collective governance: How do platform participation strategies evolve [J]. *Strategic Management Journal*, 2022, 43 (3): 530 – 562.

[285] Ostrom E. *Governing the Commons: the Evolution of Institutions for Collective Action* [M]. London: Cambridge University Press, 1990.

[286] Oxley J E. Appropriability hazards and governance in strategic alliances: A transaction cost approach [J]. *Journal of Law, Economics, and Organization*, 1997, 13 (2): 387 – 409.

[287] Oxley J E, Silverman B S. 10 Inter-firm alliances: A new institutional economics approach [J]. *New Institutional Economics*, 2008 (1): 209 – 234.

[288] Ozalp H, Cennamo C, Gawer A. Disruption in platform-based ecosystems [J]. *Journal of Management Studies*, 2018, 55 (7): 1203 – 1241.

［289］ Ozcan P, Eisenhardt K M. Origin of alliance portfolios: Entrepreneurs network strategies, and firm performance ［J］. *Academy of Management Journal*, 2009, 52 (2): 246 – 279.

［290］ Parise S, Casher A. Alliance portfolios: Designing and managing your network of business-partner relationships ［J］. *Academy of Management Executive*, 2003, 17 (4): 26 – 39.

［291］ Parker G, Alstyne M. Innovation, openness, and platform control ［J］. *Management Science*, 2017, 64 (7): 3015 – 3032.

［292］ Penrose E T. *The Theory of the Growth of the Firm* ［M］. New York: John Wiley, 1959.

［293］ Peukert C, Claussen J, Kretschmer T. Piracy and box office movie revenues: Evidence from Megaupload ［J］. *International Journal of Industrial Organization*, 2017 (52): 188 – 215.

［294］ Phelps C C. A longitudinal study of the influence of alliance network structure and composition on firm exploratory innovation ［J］. *Academy of Management Journal*, 2010, 53 (4): 890 – 913.

［295］ Phelps C, Heidl R, Wadhwa A. Knowledge, networks and knowledge networks: A review and research agenda ［J］. *Journal of Management*, 2012, 38 (4): 1115 – 1166.

［296］ Phillips F Y. *Market-oriented Technology Management: Innovating for Profit in Entrepreneurial Times* ［M］. Berlin: Springer Science & Business Media, 2013.

［297］ Pierce L, Snyder J A. Historical origins of firm ownership structure: The persistent effects of the African slave trade ［J］. *Academy of Management Journal*, 2020, 63 (6): 1687 – 1713.

［298］ Provan K G, Kenis P. Modes of network governance: Structure, management and effectiveness ［J］. *Journal of Public Administration Research and Theory*, 2009, 18 (2): 229 – 252.

[299] Reavis Conner K, Rumelt R P. Software piracy: An analysis of protection strategies [J]. *Management Science*, 1991, 37 (2): 125 – 139.

[300] Reuer J J, Devarakonda S V. Mechanisms of hybrid governance: Administrative committees in non-equity alliances [J]. *Academy of Management Journal*, 2016, 59 (2): 510 –533.

[301] Rieder B, Sire G. Conflicts of interest and incentives to bias: A microeconomic critique of Google's tangled position on the Web [J]. *New Media & Society*, 2014, 16 (2): 195 –211.

[302] Rietveld J, Ploog J N, Nieborg D B. Coevolution of platform dominance and governance strategies: Effects on complementor performance outcomes [J]. *Academy of Management Discoveries*, 2020, 6 (3): 488 –513.

[303] Rietveld J, Schilling M A, Bellavitis C. Platform strategy: Managing ecosystem value through selective promotion of complements [J]. *Organization Science*, 2019, 30 (6): 1232 –1251.

[304] Riordan M H, Williamson O E. Asset specificity and economic organization [J]. *International Journal of Industrial Organization*, 1985, 3 (4): 365 –378.

[305] Ritter T, Gemünden H G. Network competence: Its impact on innovation success and its antecedents [J]. *Journal of Business Research*, 2003, 56 (9): 745 –755.

[306] Rochet J C, Tirole J. Two-sided markets: A progress report [J]. *The RAND Journal of Economics*, 2006, 37 (3): 645 –667.

[307] Salancik G R, Pfeffer J. A social information processing approach to job attitudes and task design [J]. *Administrative Science Quarterly*, 1978: 224 – 253.

[308] Sarkar M B, Aulakh P S, Madhok A. Process capabilities and value generation in alliance portfolios [J]. *Organization Science*, 2009, 20 (3): 583 –600.

[309] Schilling M A. Protecting or diffusing a technology platform: Tradeoffs in appropriability, network externalities, and architectural control [M]//Gawer. *Platforms, Markets and Innovation*. Cheltenham, Northampton: Elgar Publishing, 2009.

[310] Schmeiss J, Hoelzle K, Tech R P G. Designing governance mechanisms in platform ecosystems addressing the paradox of openness through blockchain technology [J]. *California Management Review*, 2019, 62 (1): 121 – 143.

[311] Shepherd D, Wiklund J. Are we comparing apples with apples or apples with oranges? Appropriateness of knowledge accumulation across growth studies [J]. *Entrepreneurship Theory and Practice*, 2009, 33 (1): 1042 – 2587.

[312] Simonin B L. The importance of collaborative know-how: An empirical test of the learning organization [J]. *Academy of Management Journal*, 1997, 40 (5): 1150 – 1174.

[313] Sirmon D G, Hitt M A, Ireland R D, et al. Resource orchestration to create competitive advantage: breadth, depth, and life cycle effects [J]. *Journal of Management*, 2011, 37 (5): 1390 – 1412.

[314] Sirmon D G, Hitt M A, Ireland R D. Managing firm resources in dynamic environments to create value: looking inside the black box [J]. *Academy of Management Review*, 2007, 32 (1): 273 – 292.

[315] Slotte – Kock S, Coviello N. Entrepreneurship research on network processes: A review and ways forward [J]. *Entrepreneurship Theory and Practice*, 2010, 34 (1): 31 – 57.

[316] Smith C, Smith J B, Shaw E. Embracing digital networks: Entrepreneurs' social capital online [J]. *Journal of Business Venturing*, 2017, 32 (1): 18 – 34.

[317] Smith D A, Lohrke F T. Entrepreneurial network development: Trusting in the process [J]. *Journal of Business Research*, 2008, 61 (4): 315 – 322.

［318］Sánchez – Cartas J M. Intellectual property and taxation of digital plat-
forms ［J］. *Journal of Economics*, 2021, 132 (3): 197 – 221.

［319］Snihur Y, Thomas L D W, Burgelman R A. An ecosystem-level
process model of business model disruption: The disruptor's gambit ［J］. *Journal
of Management Studies*, 2018, 55 (7): 1278 – 1316.

［320］Srivastava M K, Gnyawali D R. When do relational resources matter?
Leveraging portfolio technological resources for breakthrough innovation ［J］.
Academy of Management Journal, 2011, 54 (4): 797 – 810.

［321］Stam W, Arzlanian S, Elfring T. Social capital of entrepreneurs and
small firm performance: A meta-analysis of contextual and methodological modera-
tors ［J］. *Journal of Business Venture*, 2014, 29 (1): 152 – 173.

［322］Steensma H K. Acquiring technological competencies through inter-or-
ganizational collaboration: An organizational learning perspective ［J］. *Journal of
Engineering and Technology Management*, 1996, 12 (4): 267 – 286.

［323］Stern J. Corporate governance, EVA, and shareholder value ［J］.
Journal of Applied Corporate Finance, 2004, 16 (2): 91 – 99.

［324］Stuart T E, Hoang H, Hybels R C. Interorganizational endorsements
and the performance of entrepreneurial ventures ［J］. *Administrative Science Quar-
terly*, 1999, 44 (2): 315 – 349.

［325］Sundararajan A. Managing digital piracy: Pricing and protection ［J］.
Information Systems Research, 2004, 15 (3): 287 – 308.

［326］Tanriverdi H. Performance effects of information technology synergies
inmultibusiness firms ［J］. *MIS Quarterly*, 2006, 30 (1): 57 – 77.

［327］Teece D J. Capturing value from knowledge assets: The new econo-
my, markets for know-how, and intangible assets ［J］. *California Management
Review*, 1998, 40 (3): 55 – 79.

［328］Teece D J. Profiting from innovation in the digital economy: Enabling
technologies, standards, and licensing models in the wireless world ［J］. *Re-*

search *Policy*, 2018, 47 (8): 1367 – 1387.

[329] Teece D J. Profiting from technological innovation: Implications for integration, collaboration, licensing and public policy [J]. *Research Policy*, 1986, 15 (6): 285 – 305.

[330] Teng B S, Das T K. Governance structure choice in strategic alliances: The roles of alliance objectives, alliance management experience, and international partners [J]. *Management Decision*, 2008, 46 (5): 725 – 742.

[331] Thomas L D, Autio E, Gann D M. Architectural leverage: Putting platforms in context [J]. *Academy of Management Perspectives*, 2014, 28 (2): 198 – 219.

[332] Thomas L D, Ritala P. Ecosystem legitimacy emergence: A collective action view [J]. *Journal of Management*, 2021, 48 (3): 515 – 541.

[333] Thomas L D W, Autio E, Gann D M. Architectural leverage: Putting platforms in context [J]. *Academy of Management Perspectives*, 2014, 28 (2): 198 – 219.

[334] Tilson D, Lyytinen K, Sorensen C. *Desperately Seeking the Infrastructure in IS Research: Conceptualization of "Digital Convergence" as Co-evolution of Social and Technical Infrastructures* [C] //Proceedings of the 2010 43rd Hawaii International Conference on System Sciences. IEEE, 2010: 1 – 10.

[335] Tiwana A. Evolutionary competition in platform ecosystems [J]. *Information Systems Research*, 2015, 26 (2): 266 – 281.

[336] Tiwana A, Konsynski B, Bush A A. Research Commentary—Platform Evolution: Coevolution Of Platform Architecture, Governance, And Environmental Dynamics [J]. *Information Systems Research*, 2010, 21 (4): 675 – 687.

[337] Toh P K, Agarwal S. The option value in complements within platform-based ecosystems [J]. *Strategic Management Journal*, 2023, 44 (2): 576 – 609.

[338] Töytäri P, Rajala R. Value-based selling: An organizational capability perspective [J]. *Industrial Marketing Management*, 2015 (45): 101 - 112.

[339] Uzzi B. Social structure and competition in interfirm networks [J]. *Administrative Science Quarterly*, 1997, 42 (1): 37 - 69.

[340] Uzzi B. The sources and consequences of embeddedness for the economic performance of organizations: The network effect [J]. *American Sociological Review*, 1996: 674 - 698.

[341] Van De Vrande V. Balancing your technology-sourcing portfolio: How sourcing mode diversity enhances innovative performance [J]. *Strategic Management Journal*, 2013, 34 (5): 610 - 621.

[342] Vassolo R S, Anand J, Folta T B. Non-additivity in portfolios of exploration activities: A real options-based analysis of equity alliances in biotechnology [J]. *Strategic Management Journal*, 2004, 25 (11): 1045 - 1061.

[343] Vasudeva G, Anand J. Unpacking absorptive capacity: A study of knowledge utilization from alliance portfolios [J]. *Academy of Management Journal*, 2011, 54 (3): 611 - 623.

[344] Von Krogh G, Von Hippel E. Special issue on open source software development [J]. *Research Policy*, 2003, 32 (7): 1149 - 1157.

[345] Wang T G. Transaction attributes and software outsourcing success: An empirical investigation of transaction cost theory [J]. *Information Systems Journal*, 2002, 12 (2): 153 - 181.

[346] Wareham J, Fox P B, Cano Giner J L. Technology ecosystem governance [J]. *Organization Science*, 2014, 25 (4): 1195 - 1215.

[347] Wassmer U. Alliance portfolios: A review and research agenda [J]. *Journal of Management*, 2010, 36 (1): 141 - 171.

[348] Wen W, Zhu F. Threat of platform-owner entry and complementor responses: Evidence from the mobile app market [J]. *Strategic Management Journal*, 2019, 40 (9): 1336 - 1367.

[349] West S A, Griffin A S, Gardner A. Social semantics: Altruism, cooperation, mutualism, strong reciprocity and group selection [J]. *Journal of Evolutionary Biology*, 2007, 20 (2): 415 –432.

[350] Williamson O E. Markets and hierarchies: Some elementary considerations [J]. *The American Economic Review*, 1973, 63 (2): 316 –325.

[351] Williamson O E. Strategizing, economizing, and economic organization [J]. *Strategic Management Journal*, 1991, 12 (S2): 75 –94.

[352] Williamson O E. The new institutional economics: Taking stock, looking ahead [J]. *Journal of Economic Literature, American Economic Association*, 2000, 38 (3): 595 –613.

[353] Williamson P J, De Meyer A. Ecosystem advantage: how to successfully harness the power of partners [J]. *California Management Review*, 2012, 55 (1): 24 –46.

[354] Williamson T. Necessary existents [M]//A O'Hear. *Logic, Thought, and Language*. Cambridge: Cambridge University Press, 2002.

[355] Winter S G. Understanding dynamic capabilities [J]. *Strategic Management Journal*, 2003, 24 (10): 991 –995.

[356] Yamakawa Y, Yang H, Lin Z J. Exploration versus exploitation in alliance portfolio: Performance implications of organizational, strategic, and environmental fit [J]. *Research Policy*, 2011, 40 (2): 287 –296.

[357] Yang H, Zheng Y, Zhao X. Exploration or exploitation? Small firms' alliance strategies with large firms [J]. *Strategic Management Journal*, 2014, 35 (1): 146 –157.

[358] Yoshino M Y, Rangan U S. Strategic alliances: An entrepreneurial approach to globalization [J]. *Long Range Planning*, 1996, 29 (6): 909 –910.

[359] Zaheer A, Castaner X, Souder D. Synergy sources, target autonomy, and integration in acquisitions [J]. *Journal of Management*, 2013, 39 (3): 604 –632.

[360] Zhang Y, Li J, Tong T W. Platform governance matters: How platform gatekeeping affects knowledge sharing among complementors [J]. *Strategic Management Journal*, 2022, 43 (3): 599 – 626.

[361] Zheng Y, Yang H. Does familiarity foster innovation? The impact of alliance partner repeatedness on break through innovations [J]. *Journal of Management Studies*, 2015, 52 (2): 213 – 230.

[362] Zhu F, Iansiti M. Entry into platform-based markets [J]. *Strategic Management Journal*, 2012, 33 (1): 88 – 106.